國學研讀法三種

國學入門書要目及其讀法

要籍解題及其讀法

讀書分月課程

梁啓超著

中華書局印行

國學入門書要目及其讀法

序

兩月前清華週刊記者以此題相屬。蹉跎久未報命。頃獨居翠微山中。行篋無一書。而記者督責甚急。乃竭三日之力。專憑憶想所及。草斯篇。漏略自所不免。且容有並書名篇名亦憶錯誤者。他日更當補正也。

中華民國十二年四月二十六日啓超作於碧摩巖攬翠山房

國學入門書要目及其讀法

目錄

國學入門書要目及其讀法

(甲)修養應用及思想史關係書類

論語　孟子

論語爲二千年來國人思想之總源泉。孟子自宋以後勢力亦與相埒。此二書可謂國人內的外的生活之支配者。故吾希望學者熟讀成誦。即不能。亦須翻閱多次。務略舉其辭。或摘記其身心踐履之言以資修養。

論語孟子之文。並不艱深。宜專讀正文。有不解處。方看注釋。注釋之書。朱熹四書集註。爲其生平極矜慎之作。可讀。但其中有墮入宋儒理障處。宜分別觀之。清儒注本。論語則有戴望論語注。孟子則有焦循孟子正義最善。戴氏服膺顏習齋之學。最重實踐。所注似近孔門眞際。其訓詁亦多較朱注爲優。其書簡絜易讀。焦氏服膺戴東原之學。其孟子正義在清儒諸經新疏中爲最佳本。但文頗繁。宜備置案頭。遇不解時。或有所感時。則取供參考。

戴震孟子字義疏證。乃戴氏一家哲學。並非專爲注釋孟子而作。但其書極精闢。學者終須一讀。最好是於讀孟子時並讀之。既知戴學綱領。亦可以助讀孟子之興味。

焦循論語通釋。乃摹仿孟子字義疏證而作。將全部論語拆散。標準重要諸義。如言仁言忠恕……等。列爲若干目。通觀而總詮之。可稱治論語之一良法。且可應用其法以治他書。

右兩書篇葉皆甚少。易讀。

陳澧東塾讀書記中讀孟子之卷。取孟子學說分項爬梳。最爲精切。其書不過二三十葉。宜一讀以觀前輩治學方法。且於修養亦有益。

易經

此書爲孔子以前之哲學書。孔子爲之注解。雖奧衍難究。然總須一讀。吾希望學者將繫辭傳文言傳熟讀成誦。其卦象傳六十四條。則用別紙鈔出。隨時省覽。

後世說易者言人人殊。爲修養有益起見。則程頤之程氏易傳差可讀。

說易最近眞者。吾獨推焦循。其所著雕菰樓易學三書「易通釋易圖略易章句」皆稱精詣。學者如欲深通此經。可取讀之。否則可以不必。

禮記

此書爲戰國及西漢之「儒家言」叢編。內中有極精純者。亦有極破碎者。吾希望學者將中庸大學禮運樂記四篇熟讀成誦。曲禮王制檀弓禮器學記坊記表記緇衣儒行大傳祭義祭法鄉飲酒義諸篇。多瀏覽數次。且摘錄其精要語。

若欲看注解。可看十三經注疏內鄭注孔疏。

孝經之性質與禮記同。可當禮記之一篇讀。

老子

道家最精要之書。希望學者將此區區五千言熟讀成誦。

注釋書未有極當意者。專讀白文自行尋索爲妙。

墨子

孔墨在先秦時。兩聖並稱。故此書非讀不可。除備城門以下各篇外。餘篇皆宜精讀。

注釋書以孫詒讓墨子間詁爲最善。讀墨子宜卽讀此本。

經上下。經說上下四篇有張惠言墨子經說解及梁啓超墨經兩書可參觀。但皆有未精愜處。小取篇有胡適新詁可參觀。

梁啓超墨子學案。屬通釋體裁。可參觀助興味。但其書爲臨時講義。殊未精審。

莊子

內篇七篇及雜篇中之天下篇最當精讀。注釋有郭慶藩之莊子集釋差可。

荀子

解蔽正名天論正論性惡禮論樂論諸篇。最當精讀。餘亦須全部瀏覽。

注釋書王先謙荀子注甚善。

尹文子　愼子　公孫龍子

今存者皆非完書。但三子皆爲先秦大哲。雖斷簡亦宜一讀。篇帙甚少。不費力也。公孫龍子之眞僞。尙有問題。

三書皆無善注尹文子愼子易解．

韓非子

法家言之精華．須全部瀏覽．（其特別應精讀之諸篇．因手邊無原書．臚舉恐遺漏．他日補列．）

注釋書王先謙韓非子集釋差可．

管子

戰國末年人所集著者．性質頗雜駁．然古代各家學說存其中者頗多．宜一瀏覽． 注釋書戴望管子校正甚好．

呂氏春秋

此爲中國最古之類書．先秦學說存其中者頗多．宜瀏覽．

淮南子

此爲秦漢間道家言薈萃之書．宜稍精讀． 注釋書聞有劉文典淮南鴻烈集解頗好．

春秋繁露

此爲西漢儒家代表的著作．宜稍精讀．

注釋書有蘇輿春秋繁露義證頗好．

康有爲之春秋董氏學．爲通釋體裁．宜參看．

鹽鐵論

此書爲漢代儒家法家對於政治問題對壘抗辯之書．宜瀏覽．

論衡

此書爲漢代懷疑派哲學宜瀏覽。

抱朴子

此書爲晉以後道家言代表作品。宜瀏覽。

列子

晉人僞書。可作魏晉間玄學書讀。

右所列爲漢晉以前思想界之重要著作。六朝隋唐間思想界著光采者爲佛學。其書目當別述之。以下舉宋以後學術之代表書。但爲一般學者節嗇精力計。不願多舉也。

近思錄　朱熹著　江永註

讀此書可見程朱一派之理學。其內容何如

朱子年譜附朱子論學要語　王懋竑著

此書敍述朱學全面目最精要。有條理。

若欲研究程朱學派。宜讀二程遺書及朱子語類。非專門斯業者可置之。

南宋時與朱學對峙者尚有呂東萊之文獻學一派陳龍川葉水心之功利主義一派。及陸象山之心學一派。欲知其詳。宜讀各人專集。若觀大略可求諸宋元學案中。

傳習錄　王守仁語　徐愛錢德洪等記。

讀此可知王學梗概欲知其詳宜讀王文成公全書因陽明以知行合一爲教要合觀學問事功方能看出其全部人格而其事功之經過具見集中各文故陽明集之重要過於朱陸諸集

明儒學案　黃宗羲著

宋元學案　黃宗羲初稿全祖望王梓材兩次續成

此二書爲宋元明三朝理學之總記錄實爲創作的學術史明儒學案中姚江江右王門泰州東林蕺山諸案最精善宋元學案中象山案最精善橫渠二程東萊龍川水心諸案亦好晦翁案不甚好百源（邵雄）涑水（司馬光）諸案失之太繁反不見其眞相末附荊公（王安石）新學略最壞因有門戶之見故爲排斥欲知荊公學術宜看王臨川集

此二書卷帙雖繁吾總望學者擇要瀏覽因其爲六百年間學術之總匯影響於近代甚深且彙諸家爲一編讀之不甚費力也

清代學術史可惜尚無此等佳著唐鑑之國朝案小識以清代最不振之程朱學派爲立脚點褊狹固陋萬不可讀江藩之國朝漢學師承記國朝宋學淵源記亦學案體裁較好但江氏學識亦凡庸殊不能敍出各家獨到之處萬不得已姑以備參考而已啓超方有事於清儒學案汗青尚無期也

日知錄　亭林文集　顧炎武著

顧亭林爲淸學開山第一人其精力集注於日知錄宜一瀏覽讀文集中各信札可見其立身治學大概

明夷待訪錄　黃宗羲著

黃梨洲爲清初大師之一。其最大貢獻在兩學案。此小冊可見其政治思想之大概。

思問錄　王夫之著

王船山爲清初大師之一。非通觀全書。不能見其精深博大。但卷帙太繁。非別爲系統的整理。則學者不能讀。聯舉此書。發凡實不足以代表其學問之全部也。

顏氏學記　戴望編

顏習齋爲清初大師之一。戴氏所編學記。頗能傳其眞。徐世昌之顏李學亦可供參考。但其所集習齋語要。恕谷（李塨）語要將攻擊宋儒語多不錄。稍失其眞。

顧黃王顏四先生之學術。爲學者所必須知。然其著述皆浩博。或散佚。不易尋繹。啓超行將爲系統的整理記述。以餉學者。

東原集　戴震著

雕菰樓集　焦循著

戴東原焦里堂爲清代經師中有精深之哲學思想者。讀其集可知其學。並知其治學方法。

啓超所擬著之清儒學案東原里堂學兩案。正在屬稿中。

文史通義　章學誠著

此書雖以文史標題實多論學術流別。宜一讀。胡適著章實齋年譜。可供參考。

大同書　康有爲著

南海先生獨創之思想在此書。曾刊於不忍雜誌中。

國故論衡　章炳麟著

可見章太炎思想之一斑。其詳當讀章氏叢書。

東西文化及其哲學　梁漱溟著

有偏宕處。亦有獨到處。

中國哲學史大綱上卷　胡適著

先秦政治思想史　梁啓超著

將讀先秦經部子部書。宜先讀此兩書。可引起興味。並啓發自己之判斷力。

清代學術概論　梁啓超著

欲略知清代學風。宜讀此書。

(乙)政治史及其他文獻學書類

尙書

內中惟二十八篇是眞書。宜精讀。但其文佶屈聱牙。不能成誦。亦無妨。餘篇屬晉人僞撰。一瀏覽便足。（眞僞篇目看啓超所著古書之眞僞及其年代。日內當出版）

此書非看注釋不能解。注釋書以孫星衍之尙書今古文注疏爲最好。

逸周書

此書眞僞參半。宜一瀏覽。

注釋書有朱右曾逸周書集訓校釋頗好。

竹書紀年

此書現通行者爲元明人僞撰。其古本清儒輯出者數家。王國維所輯最善。

國語　春秋左氏傳

此兩書或本爲一書。由西漢人析出。宜合讀之。　左傳宜選出若干篇熟讀成誦。於學文甚有益。讀左傳宜參觀顧棟高春秋大事表。可以得治學方法。

戰國策

宜選出若干篇熟讀。於學文有益。

周禮

此書西漢末晚出。何時代人所撰。尙難斷定。惟書中制度。當有一部分爲周代之舊。其餘亦戰國秦漢間學者理想的產物。故總宜一讀。

注釋書有孫詒讓周禮正義最善。

考信錄　崔述著

此書考證三代史事實最謹嚴。宜一瀏覽。以爲治古史之標準。

資治通鑑

此爲編年政治史最有價値之作品。雖卷帙稍繁。總希望學者能全部精讀一過。

若苦乾燥無味。不妨仿春秋大事表之例自立若干門類。標治摘記作將來著述資料。（吾少時曾用此法。雖無成書。然增長興味不少）

王船山讀通鑑論批評眼光頗異俗流。讀通鑑時取以並讀。亦助興之一法。

續資治通鑑　畢沅著

此書價値遠在司馬原著之下。自無待言。無視彼更優者。姑以備數耳。

或不讀正資治通鑑而讀九種紀事本末亦可。要之非此則彼。必須有一書經目者。

文獻通考　續文獻通考　皇朝文獻通考

三書卷帙浩繁。今爲學者摘其要目。田賦考。戶口考。職役考。市糴考。征榷考。國用考。錢幣考。兵考。刑考。經籍考。四裔考不必讀。王禮考。封建考。象緯考絕對不必讀。其餘或讀或不讀隨人。（手邊無原書不能具記其目有漏略當校補）

各人宜因其所嗜擇類讀之。例如欲研究經濟史財政史者則讀前七考。餘仿此。

馬氏文獻通考。本依仿杜氏通典而作。若尊創作。應舉通典。今舍彼取此者。取其資料較豐富耳。吾輩讀舊史所貴者惟在原料。鑪錘組織。當求之在我也。

兩漢會要。唐會要。五代會要。可與通考合讀。

通志二十略．

鄭漁仲史識史才皆邁尋常．通志全書卷帙繁．不必讀．二十略則其精神所聚．必須瀏覽．其中與通考門類同者或可省．最要者氏族略六書略七音略校讎略等篇．

二十四史

通鑑通考已浩無涯涘．更語及彪大之二十四史．學者幾何不望而却走．然而二十四史終不可不讀．其故有二．(一)現在既無滿意之通史．不讀二十四史無以知先民活動之遺跡．(二)假令雖有佳的通史出現．然其書自有別裁．二十四史之原料終不能全行收入．以故二十四史終久仍爲國民應讀之書．

書既應讀．而又浩瀚難讀．則如之何．吾今試爲學者擬摘讀之法數條．

一曰就書而摘．史記漢書後漢書三國志俗稱四史．其書皆大史學家一手著述．體例精嚴．且時代近古．向來學人誦習者衆．在學界之勢力與六經諸子埒．吾輩爲常識計．非一讀不可．吾希望學者將此四史之列傳．全體瀏覽一過．仍摘出若干篇．稍爲熟誦．以資學文之助．因四史中佳文最多也．(若欲吾舉其目亦可．但手邊無原書．當以異日．)四史之外．則明史共認爲官修書中之最佳者．且時代最近．亦宜稍爲詳讀．

二曰就事分類而摘讀志例．如欲研究經濟史財政史．則讀平準書食貨志．欲研究音樂．則讀樂書樂志．欲研究兵制．則讀兵志．欲研究學術史．則讀藝文志經籍志．附以儒林傳．欲研究宗教史．則讀北魏書釋老志．(可惜他史無之．)每研究一門．則通各史此門之志而讀之．且與文獻通考之此門合讀．當其讀時．必往往發見許多資料散見於各傳者．隨即跟蹤調查其傳以讀之．如此引申觸類．漸漸便能成爲經濟史宗教史……等等之長編．

將來薈萃整而理之便成著述矣。

三曰就人分類而摘讀傳記。最能激發人志氣。且於應事接物之智慧。增長不少。古人所以貴讀史者以此。全使各傳既不能徧讀（且亦不必）則宜擇偉大人物之傳讀之。每史亦不過二三十篇耳。此外又可就其所欲研究者而擇讀。如欲研究學術史則讀儒林傳及其他學者之專傳。欲研究文學史則讀文苑傳及其他文學家之專傳。用此法讀去。恐只患其少不患其多矣。

又各史之外國傳蠻夷傳土司傳等包含種族史及社會學之原料最多。極有趣。吾深望學者一讀之。

二十二史劄記　趙翼著

學者讀正史之前吾勸其一瀏覽此書。記稱「屬辭比事春秋之敎」。此書深得「比事」之訣。每一個題目之下其資料皆從幾十篇傳中。零零碎碎覓出。如採花成蜜。學者能用其法以讀史便可養成著述能力。（內中校勘文字異同之部約占三分一。不讀亦可）

聖武記　魏源著

國朝先正事略　李元度著

清朝一代史蹟至今尚無一完書可讀。最爲遺憾。姑舉此二書充數。魏默深有良史之才。聖武記爲紀事本末體裁敍述綏服蒙古勘定金川撫循西藏……諸役。於一事之原因結果及其中間進行之次序。若指諸掌。實罕見之名著也。李次青之先正事略。道光以前人物略具。文亦有法度。宜一瀏覽。以知最近二三百年史蹟大概。

日本人稻葉君山所著清朝全史尚可讀。（有譯本）

讀史方輿紀要　顧祖禹著
此爲最有組織的地理書其特長在專論形勢以地域爲經以史蹟爲緯讀之不感乾燥
此書卷帙雖多專讀其敍論（至各府止）亦不甚費力且可引起地理學興味
史通　劉知幾著
此書論作史方法頗多特識宜瀏覽章氏文史通義性質略同範圍較廣已見前
中國歷史研究法　梁啓超著
讀之可增史學興味且知治史方法

(丙)韻文書類

詩經
希望學者能全部熟讀成誦卽不爾亦須一大部分能擧其詞注釋書陳奐詩毛氏傳疏最善
楚辭
屈宋作宜熟讀能成誦最佳其餘可不讀注釋書朱熹楚辭集註較可
文選
擇讀
樂府詩集　郭茂倩編

專讀其中不知作者姓名之漢古辭。以見魏六朝樂府風格。其他不必讀。

魏晉六朝人詩宜讀以下各家。

曹子建　阮嗣宗　陶淵明　謝康樂　鮑明遠　謝玄暉

無單行集者可用張溥漢魏百三家集本。或王闓運五代詩選本。

李太白集　杜工部集　王右丞集　孟襄陽集　韋蘇州集　高常侍集　韓昌黎集

柳河東集　白香山集　李義山集　王臨川集（詩宜用李壁注本）

蘇東坡集　元遺山集　陸放翁集

以上唐宋人詩文集

唐百家詩選　王安石選

宋詩鈔　呂留良鈔

以上唐宋詩選本

清眞詞（周美成）　醉翁琴趣（歐陽修）　東坡樂府（蘇軾）　屯田集（柳永）

淮海詞（秦觀）　樵歌（朱敦儒）　稼軒詞（辛棄疾）　後村詞（劉克莊）

白石道人歌曲（姜夔）　碧山詞（王沂孫）　夢窗詞（吳文英）

以上宋人詞集

西廂記　琵琶記　牡丹亭　桃花扇　長生殿

以上元明清人曲本

本門所列書專資學者課餘諷誦。陶寫情趣之用。既非爲文學專說家法。尤非爲治文學史者說法。故不曰文學類而曰韻文類。文學範圍最少應包含古文（駢散文）及小說。吾以爲苟非欲作文學專家則無專讀小說之必要。至於古文本不必別學。吾輩總須讀周秦諸子左傳國策四史通鑑及其關於思想關於記載之著作。苟能多讀自能屬文。何必格外標舉一種名曰古文耶。故專以文鳴之文集不復錄。（其餘學問有關係之文集散見各門）文選及韓柳王集聊附見耳。學者如必欲就文求文。無已則姚鼐之古文辭類纂李兆洛之駢體文鈔曾國藩之經史百家雜鈔可用也。

清人不以韻文見長。故除曲本數部外。其餘詩詞皆不復列舉。無已則於最初期與最末期各舉詩詞家一人。吳偉業之梅村詩集與黃遵憲之人境廬詩集。成德之飲水詞與文焯之樵風樂府也。

（丁）小學書及文法書類

說文解字注　段玉裁著

說文通訓定聲　朱駿聲著

說文釋例　王筠著

段著爲說文正註。朱注明音與義之關係。

王著爲說文通釋。讀此三書。略可通說文矣。

經傳釋詞　王引之著

古書疑義舉例　俞樾著

文通　馬建忠著

讀此三書可知古人語法文法。

經籍籑詁　阮元書

此書彙集各字之義訓。宜置備檢查。

文字音韻爲清儒最擅之學佳書林立此僅舉入門最要之數種若非有志研究斯學者並此諸書不讀亦無妨耳。

(戊)隨意涉覽書類

學問固貴專精。又須博涉以輔之。況學者讀書尙少時。不甚自知其性所近者爲何。隨意涉獵。初時並無目的。不期而引起問題。發生趣味。從此向某方面深造研究。遂成絕業者。往往而有也。吾固雜舉有用或有趣之各書。供學者自由繙閱之娛樂。

讀此者不必順葉次。亦不必求終卷也。(各書亦隨憶想所雜舉。無復詮次。)

四庫全書總目提要

淸乾隆間四庫館董其事者皆一時大學者。故所作提要。最稱精審。讀之可略見各書內容。(中多偏至語自亦不能免）宜先讀各部類之敍錄．其各書條下則隨意抽閱．
有所謂存目者．其書被屏不收入四庫者也．內中頗有怪書．宜稍注意讀之．

世說新語

將晉人談玄語分類纂錄．語多雋妙．課餘暑假之良伴侶．

水經注　酈道元撰　戴震校

六朝人地理專書．但多描風景．記古蹟．文辭華妙．學作小品文最適用．

文心雕龍　劉勰撰

六朝人論文書．論多精到．文亦雅麗．

大唐三藏慈恩法師傳　慧立撰

此爲玄裝法師詳傳．玄裝爲第一位留學生．爲大思想家．讀之可以增長志氣．

徐霞客游記

霞客晚明人．實一大探險家．其書極有趣．

夢溪筆談　沈括

宋人筆記中含有科學思想者．

困學紀聞　王應麟撰　閻若璩註

宋人始爲考證學者．顧亭林日知錄頗仿其體．

通藝錄　程瑤田撰
清代考證家之博物書。
癸巳類稿　俞正燮撰
多爲經學以外之考證。如考棉花來歷。考婦人纏足歷史。輯李易安事蹟等。又多新穎之論。如論妒非婦人惡德等。
東塾讀書記　陳澧撰
此書僅五冊。十餘年乃成。蓋合數十條筆記之長編。乃成一條筆記之定稿。用力最爲精苦。讀之可識搜集資料。及駕馭資料之方法。書中論鄭學。論朱學。論諸子。論三國諸卷最善。
庸盦筆記　薛福成
多記清咸豐同治間掌故。
張太岳集　張居正
江陵爲明名相。其信札益人神智。文章亦美。
王心齋先生全書　王艮
吾常名心齋爲平民的理家學。其人有生氣。
朱舜水遺集　朱之瑜
舜水爲日本文化之開闢人。唯一之國學輸出者。讀之可見其人格。

李恕谷文集　李塨
恕谷爲習齋門下健將其文勁達。
鮚埼亭集　全祖望
集中記晚明掌故甚多。
潛研堂集　錢大昕
竹汀在清儒中最博洽者其對倫理問題亦頗有新論。
述學　汪中
容甫爲治諸子學之先登者其文格在漢晉間極遒美。
洪北江集　洪亮吉
北江之學長於地理其小品駢體文描寫景物美不可言。
定盦文集　龔自珍
吾少時心醉此集今頗厭之。
曾文正公全集　曾國藩
胡文忠公集　胡林翼
右二集信札最可讀讀之見其治事條理及朋友風義曾滌生文章尤美桐城派之大成。
苕溪漁隱叢話　胡仔

叢話中資料頗豐富者．

詞苑叢談　徐釚

唯一之詞話．頗有趣．

語石　葉昌熾

以科學方法治金石學．極有價值．

書林清話　葉德輝

論列書源流及藏書掌故．甚好．

廣藝舟雙楫　康有爲

論寫字極精博．文章極美．

劇說　焦循

宋元戲曲史　王國維

二書論戲劇．極好．

既謂之涉覽自然無書不可涉．無書不可覽．本不能臚舉書目．若舉之非累數十紙不可．右所列不倫不類之寥寥十餘種．隨雜憶所及當坐譚耳．若繩以義例．則笑絕冠纓矣．

附錄一　最低限度之必讀書目

右所列五項，倘能依法讀之，則國學根柢略立，可以爲將來大成之基矣。惟青年學生校課既繁，所治專門別有在，恐仍不能人人按表而讀。

今再爲擬一眞正之最低限度如下

四書　易經　書經　詩經　禮記　左傳　老子　墨子　莊子　荀子　韓非子　戰國策　史記　漢書　後漢書　三國志　資治通鑑（或通鑑紀事本末）　宋元明史紀事本末　楚辭　文選　李太白集　杜工部集　韓昌黎集　柳河東集　白香山集　其他詞曲集，隨所好選讀數種。

以上各書，無論學鑛學工程學……皆須一讀，若並此未讀，眞不能認爲中國學人矣。

附錄二　治國學雜話

學生做課外學問是最必要的若只求講堂上功課及格便算完事那麼你進學校只是求文憑並不是求學問你的人格先已不可問了再者此類人一定沒有「自發」的能力不特不能成為一個學者亦斷不能成為社會上治事領袖人才

課外學問自然不專指讀書如試驗如觀察自然界……都是極好的但讀課外書最少要算課外學問的主要部分

一個人總要養成讀書趣味打算做專門學者固然要如此打算做事業家也要如此因為我們在工廠裏在公司裏在議院裏……做完一天的工作出來之後隨時立刻可以得着愉快的伴侶莫過於書籍莫便於書籍但是將來這種愉快得着得不着大概是在學校時代已經決定因為必須養成讀書習慣纔能嘗着讀書趣味人生一世的習慣出了學校門限已經鐵鑄成了所以在學校中不讀課外書以養成自己自動的讀書習慣這個人簡直是自己剝奪自己終身的幸福

讀書自然不限於讀中國書但中國人對於中國書最少也該和外國書作平等待遇你這樣待遇他他給回你的愉快報酬最少也和讀外國書所得的有同等分量

中國書沒有整理過十分難讀這是人人公認的但會做學問的人覺得趣味就在這一點吃現成飯是最沒有意思的事是最沒有出息的人纔喜歡的一種問題被別人做完了四平八正的編成教科書樣子給我讀讀去

自然是毫不費力。但從這不費力上頭結果。便令我的心思不細緻不刻入。專門喜歡讀這類書的人。久而久之。會把自己創作的才能汨沒。哩在紐約芝加哥筆直的馬路嶄新的洋房裏舒舒服服混一世。這個人一定是過的毫無意味的平庸生活。若要過有意味的生活。須是哥倫布初到美洲時。

中國學問界。是千年未開的礦穴。礦苗異常豐富。但非我們親自絞腦筋絞汗水。却開不出來。翻過來看。只要你絞一分腦筋一分汗水。當然還你一分成績。所以有趣。

所謂中國學問界的礦苗。當然不專指書籍。自然界和社會實況。都是極重要的。但書籍爲保存過去原料之一種寶庫。且可爲現在各實測方面之引線。就這點看來我們對於書籍之浩瀚。應該歡喜謝他。不應該厭惡他。因爲我們的事業比方要開工廠。原料的供給。自然是越豐富越好。

讀中國書自然像披沙揀金。沙多金少。但我們若把他作原料看待。有時尋常人認爲極無用的書籍。和語句。也許有大功用。須知工廠種類多着呢。一個廠裏頭還有許多副產物哩。何止金有用。沙也有用。

若問讀書方法。我想向諸君上一個條陳。這方法是極陳舊的極笨極麻煩的。然而實在是極必要的。什麼方法呢。是鈔錄或筆記。

我們讀一部名著。看見他徵引那麼繁博。分析那麼細密。動輒伸着舌頭說道。這個人不知有多大記憶力。記得許多東西。這是他的特別天才。我們不能學步了。其實那裏有這回事。好記性的人不見得便有智慧。有智慧的人比較的倒是記性不甚好。你所看見者是他發表出來的成果。不知他這成果。原是從銖積寸累困知勉行得來。大抵凡一個大學者平日用功。總是有無數小冊子或單紙片。讀書看見一段資料。覺其有用者。卽刻鈔下。（

短的鈔全文長的摘要記書名卷數葉數）資料漸漸積得豐富。再用眼光來整理分析他。便成一篇名著。想看這種痕跡讀趙甌北的二十二史劄記。陳蘭甫的東塾讀書記最容易看出來。

這種工作笨是笨極了苦是苦極了但眞正做學問的人總離不了這條路。做動植物的人懶得採集標本。說他會有新發明。天下怕沒有這種便宜事。

發明的最初動機在注意。鈔書便是促醒注意及繼續保存注意的最好方法。當讀一書時。忽然感覺這一段資料可注意。把他鈔下。這件資料。自然有一微微的印象印入腦中和滑眼看過不同經過這一番後。過些時碰見第二個資料和這個有關係的又把他鈔下。那注意便加濃一度經過幾次之後每翻一書遇有這項資料。便活跳在紙上。不必勞神費力去找了。這是我多年經驗得來的實況諸君試拿一年工夫去試試。當知我不說慌。

先輩每教人不可輕言著述。因爲未成熟的見解公布出來會自誤誤人。這原是不錯的但青年學生「斐然當述作之譽」也是實際上鞭策學問的一種妙用。譬如同是讀文獻通考的錢幣考各史食貨志中錢幣項下各文汎汎讀去。沒有什麼所得倘若你一面讀一面便打主意做一篇中國貨幣沿革考這篇考做的好不好另一問題你所讀的自然加幾倍受用。

譬如同讀一部荀子。某甲汎汎讀去。某乙一面讀。一面打主意做部荀子學案。讀過之後兩個人的印象深淺。自然不同所以我很獎勸青年好著書的習慣。至於所著的書拿不拿給人看什麼時候纔認成功這還不是你的自由嗎。

每日所讀之書。最好分兩類。一類是精熟的。一類是涉覽的。因爲我們一面要養成讀書心細的習慣。一面要養成讀書眼快的習慣。心不細則毫無所得。等於白讀。眼不快則時候不彀用。不能博搜資料。諸經諸子四史通鑑等書。宜入精讀之部。每日指定某時刻讀他。讀時一字不放過。讀完一部纔讀別部。想鈔錄的隨讀隨鈔。另外指出一時刻。隨意涉覽。覺得有趣。注意細看。覺得無趣。便翻次葉。遇有想鈔錄的。也俟讀完再鈔。當時勿窒其機。諸君勿因初讀中國書勤勞大而結果少。便生退悔。因為我們讀書。並不是想專向現時所讀這一本書裏討現錢現貨的得多少報酬。最要緊的是涵養成好讀書的習慣。和磨鍊出善讀書的腦力。青年期所讀各書。不外借來做達這兩個目的的梯子。我所說的前提倘若不錯。則讀外國書和讀中國書。當然都各有益處。外國名著。組織得好。易引起趣味。他的研究方法。整整齊齊擺出來。可以做我們模範。這是好處。我們滑眼讀去。容易變成享現成福的少爺們。不知甘苦來歷。這是壞處。中國書未經整理。一讀便是一個悶頭棍。每每打斷趣味。這是壞處。逼着你披荊斬棘。尋路來走。或者走許多冤枉路。（只要走路斷無冤枉。走錯了回頭便是絕好教訓）從甘苦閱歷中磨鍊出智慧。得苦盡甘來的趣味。那智慧和趣味卻最真切。這是好處。

還有一件。我在前項書目表中有好幾處寫「希望熟讀成誦」字樣。我想諸君或者以為甚難。也許反對說我頑舊。但我有我的意思。我並不是獎勵人勉強記憶。我所希望熟讀成誦的有兩種類。一種類是最有價值的文學作品。一種類是有益身心的格言。好文學是涵養情趣的工具。做一個民族的分子。總須對於本民族的好文學十分領略。能熟讀成誦。纔在我們的「下意識」裏頭得着根柢。不知不覺會「發酵」。有益身心的聖哲格言。一部分久已在我們全社會上形成共同意識。我既做這社會的分子。總要澈底了解他。纔不至和共同意識生隔閡。一方面我們應事接物時候。常常仗他給我們的光明。要平日摩得熟。臨時纔得着用。我所以有些書希

望熟讀成誦者在此、但亦不過一種格外希望而已、並不謂非如此不可、
最後我還專向清華同學諸君說幾句話、我希望諸君對於國學的修養、比旁的學校學生格外加功、諸君受社會恩惠是比別人獨優的、諸君將來在全社會上一定占勢力、是眼看得見的、諸君回國之後、對於中國文化有無貢獻、便是諸君功罪的標準、
任你學成一位天字第一號形神畢肖的美國學者、只怕於中國文化沒有多少影響、若這樣便有影響、我們把美國藍眼睛的大博士抬一百幾十位來便彀了、又何必諸君呢、諸君須要牢牢記着你不是美國學生、是中國留學生、如何纔配叫做中國留學生、請你自己打主意罷、

要籍解題及其讀法

自序

我對於學問件件都有興味。因爲方面太多。結果沒有一方面做得成功。著述更不必說。始終沒有專心致志好好的著成一部書。近幾年來我名下的出版物。都不過一個學期中在一個學校的講義。而且每學期所講總是兩門以上的功課。所編總是兩種以上的講義。我生平有種壞癖氣。曾經講過的功課。下次便不願再講。每次所講總是新編的。匆匆忙忙現蒸熱賣。那裏能有滿意之作。所以每次講完之後。便將講義擱起。預備從新校改一番纔付印。但每到休講期間。又貪著讀別的書去了。假期滿後。又忙著別的講義。因此舊稿總沒有時候整理。只好把他放在篋底。再說兩三年。此類的講稿有好幾種哩。這部要籍解題及其讀法。便是其中之一種。

這部講義。是兩年前在清華學校講的。清華當局指定十來部有永久價值的古書。令學生們每學期選讀一部或兩部。想令他們得些國學常識。而且養成自動的讀書能力。這種辦法。我原是很贊成的。當局因請我把這十幾部書的大概。和學生們講講。我答應了。每隔一星期來講一次。一學期間講了從論語到禮記這幾部。本來下學期還打算續講。不幸亡妻抱病。跟著出了喪事。我什麼功課都做不下去。因此向學校辭職。足足休講了一年。現在雖再來學校。也沒有續講的機會。

說「要籍」嗎。中國最少也有一百幾十種。像這部講義講的不倫不類幾部書。算什麼東西呢。何況是現蒸熱賣的粗製品。當起稿時已經沒有多繙參考書的餘裕。脫稿後連覆看的工夫也沒有。這樣作品如何可以見人。所以許久不願付印。為此。

清華同學們不答應。說各處紛紛函索傳鈔。不勝其擾。說現在清華周刊要編輯叢書。決定把他充當第一種。已經付印了。而且要求我作一篇序文。我無法拒絕。也只好隨順。

我想。一個受過中學以上教育的中國人。對於本國極重要的幾部書籍。內中關於學術思想者若干種。關於歷史者若干種。關於文學者若干種。最少總應該讀過一遍。但是生當今日而讀古書。頭一件苦於引不起興味來。第二件苦於沒有許多時間向浩如烟海的書叢中埋頭鑽研。第三件就令耐煩費時日勉強讀去。也苦難得其要領。因此學生們並不是不願意讀中國書。結果還是不讀。拉倒。想救濟這種缺點。像「要籍解題」或「要籍讀法」一類書不能不謂為適應於時代迫切的要求。我這幾篇雖然沒有做得好。但總算在這條路上想替青年們添一點趣味。省一點氣力。我希望國內通學君子多做這類的作品。尤其希望能將我所做的加以是正。例如錢先生新近在清華周刊發表的論語解題及其讀法之類。同時我也要鞭策自己。在較近期內對於別的要籍能再做些與此同類的工作。

這部書裏頭所講有許多是前人講過的。並非全屬自己創見。為什麼不一一注明呢。因為（一）編講義時間匆忙。沒有查原書。（二）為學生們方便起見。若嚕嚕囌囌的引那一說駁那一說。倒反令人頭痛。不如直捷了當。我認為可采之說就采入。省些閑文。總而言之。這部書不是著述。不過講堂上臨時演說。凡有與著述體例不

符之處希望讀者原諒

「先入爲主」原是做學問最大毛病但人人都知道這是毛病卻人人都不容易破除卽如我這部書講論語推重戴望講史記推重崔適也可以說是我個人的僻見其實教一般青年不該如此此外各篇犯這類毛病還不少我所以不甚願意立刻付印就是爲此既已付印我不能不聲明一下

臨了我還想和青年們說幾句話——諸君對於中國舊書不可因「無用」或「難讀」這兩個觀念便廢止不讀有用無用的標準本來很難確定何以見得橫文書都有用線裝書都無用依我看著述有帶時代性的有不帶時代性的不帶時代性的書無論何時都有用舊書裏頭屬於此類者確不少至於難讀易讀的問題呢不錯未經整理之書確是難讀讀起來沒有興味或不得要領像是枉費我們的時光但是從別方面看讀這類書要自己用刻苦工夫披荊斬棘尋出一條路來因此可以磨練自己的讀書能力比專吃現成飯的得益較多所以我希望好學的青年們最好找一兩部自己認爲難讀的書偏要拚命一讀而且應用最新的方法去讀他讀通之後所得益處在本書以內的不算在本書以外的還多著哩

十四年十一月十七日梁啓超清華北院二號

要籍解題及其讀法

目錄

要籍解題及其讀法

論語　孟子　附論大學中庸孝經及其他

總說　論語孟子兩書。近人多呼為「經書」。古代不然。漢儒對於古書之分類。以詩。書。禮。樂。易。春秋為「六藝」。亦謂之「六經」。實為古書中之最見寶貴者。次則名為「記」或「傳」。乃解釋或補助諸經者。論語即屬此類。又次則為諸子。乃於六經之外別成一家言者。孟子即屬此類。故論孟兩書在漢時不過二三等書籍。然漢文帝時已將此二書置博士。（「置博士」者在大學中專設一科以專門之博士任教授也）是曾經特別崇重。然不久亦罷。（罷博士者廢此專科也）六朝隋唐以來。論語研究尚盛。孟子則亦僅儕於諸子之列耳。自宋儒從禮記中抽出大學中庸兩篇。合諸論孟。稱為「四書」。明清兩代以八股取士。試題悉出「四書」。於是「四書」之誦習。其盛乃駕「六經」而上之。六七百年來數歲孩童入三家村塾者。莫不以四書為主要讀本。其書遂形成一般常識之基礎。且為國民心理之總關鍵。

論語編輯者及其年代　漢書藝文志云『論語者。孔子應答弟子時人及弟子相與言而接聞於夫子之語也。當時弟子各有所記。夫子既卒。門人相與輯而論纂。故謂之論語。』據此則謂論語直接成於孔子弟子之手。雖然。書中所記如魯哀公季康子子服景伯諸人皆舉其謚。諸人之死皆在孔子卒後。書中又記曾子臨終之言。曾子在孔門齒最幼。其卒年更當遠後於孔子。然則此書最少應有一部分為孔子卒後數十年七十子之門人所記，無疑，書中於有子曾子皆稱「子」，全書第一章記孔子語，第二章即記有子語，第三章記孔子語，第四章即記曾子語，竊疑纂輯成書，當出有子曾子門人之手，而所記孔子言行，半承有曾二子之筆記或口述也。

論語之眞僞 先秦書贗品極多，學者最宜愼擇，論語爲孔門相傳寶典，大致可信，雖然，其中未嘗無一部分經後人附益竄亂，大抵各篇之末，時有一二章非原本者，蓋古用簡書，傳鈔收藏皆不易，故篇末空白處，往往以書外之文綴記塡入，在本人不過爲省事備忘起見，非必有意作僞，至後來展轉傳鈔，則以之誤混正文，周秦古書中似此者不少，論語中亦有其例，如雍也篇末『子見南子』章，鄉黨篇末『色斯擧矣』章，季氏篇末『齊景公』章，微子篇末『周公謂魯公』『周有八士』章，皆或與孔門無關，或文義不類，疑皆非原文，然此猶其小者，據崔東壁（述）所考證，則全書二十篇中末五篇——季氏，陽貨，微子，子張，堯曰——皆有可疑之點，因漢初有所傳有「魯論」「齊論」「古論」之分，篇數及末數篇之篇名各有不同，文句亦間互異，王莽時佞臣張禹者合三本而一之，遂爲今本，見漢書藝文志張禹傳及何晏論語集解序 此末五篇中，最少應有一部分爲戰國末年入所竄亂，其證據，一，論語通例稱孔子皆曰『子』，惟記其與君大夫問答乃稱「孔子」，此五篇中屢有稱「孔子」或「仲尼」者，二，論語所記門弟子與孔子對面問答，亦皆呼之爲「子」，對面呼「夫子」，乃戰國時人語，春秋時無之，而此五篇中屢稱「夫子」，三，季氏篇『季氏將伐顓臾，冉有季路見於孔子』云云，考冉有季路並無同時仕於季氏之事，四，陽貨篇記『公山弗擾以費畔，召，子欲往，』云云，又記『佛肸以中牟畔，召，子欲往，』云云，考弗擾叛時，孔子正爲魯司寇，率師墮費，弗擾正因反抗孔子政策而作亂，其亂亦由孔子手平定之，安有以一造反之限令而敢召執政，其執政方督師討賊，乃欲應以召，且云『其爲東周』，寧有此理，佛肸以中牟叛趙。爲趙襄子時事。見韓詩外傳。趙襄子之立。在孔子卒後五年。孔子何從與肸有交涉。凡此諸義皆崔氏所疏證。大致極爲精審。（參觀崔東壁遺書內洙泗考信錄畿輔叢書中亦有此書）由此言之。論語雖什有八九可信。然其中仍有一二出自後人依託。學者宜分別觀之也。

論語之內容及其價值　論語一書。除前所舉可疑之十數章外。其餘則字字精金美玉。實人類千古不磨之寶典。蓋孔子人格之偉大。宜爲含識之儔所公認。而論語則表現孔子人格唯一之良書也。其書編次體例。並無規定。篇章先後。似無甚意義。內容分類。亦難得正確標準。略舉綱要。可分爲以下各類。

一、關於個人人格修養之教訓。

二、關於社會倫理之教訓。

三、政治談。

四、哲理談。

五、對於門弟子及時人因人施教（注重個性的）的問答。

六、對於門弟子及古人時人之批評。

七、自述語。

八、孔子日常行事及門人誦美孔子之語。（映入門弟子眼中之孔子人格。）

右所列第一二項。約占全書三分之二。其餘六項約合占三之一。第一項人格修養之教訓。殆全部有歷久不磨的價值。第四項之哲理談。雖著語不多。（因孔子之教專貴實踐。罕言性與天道。）而皆淵淵入微。第二項之社會倫理。第三項之政治談。其中一部分對當時階級組織之社會。立言。或不盡適於今日之用。然其根本精神固自有俟諸百世而不惑者。第五項因人施敎之言則在學者各自審其個性之所近所偏而借以自鑑。第六項對人的批評讀之可以見孔子理想人格之一斑。第七項孔子自述語及第八項別人對於孔子之觀察批評讀之可以從各方面看出孔子之全人格。論語全書之價値大略如此。要而言之孔子這個人有若干價値則論語這部書亦連帶的有若干價値也。

讀論語法　吾儕對於如此有價値之書。當用何法以善讀之耶。我個人所認爲較簡易且善良之方法如下。

第一。先注意將後人竄亂之部分剔出以別種眼光視之。免使朦混眞相。

第二。略依前條所分類。將全書纂鈔一過。爲部分的研究。

第三。或作別種分類。以敎義要點——如論『仁』論「學」論「君子」等爲標準。逐條鈔出。比較研究。

第四。讀此書時。卽立意自作一篇孔子傳或孔子學案。一面讀便一面思量組織法且整理資料。到讀畢時自然能極徹底極正確的了解孔子。

第五。讀此書時。先要略知孔子之時代背景。左傳國語。實主要之參考書。

第六。此書文義並不艱深。專讀白文自行紬繹。其義最妙。遇有不解時。乃翻閱次條所舉各注。

右所學者。爲書本上智識方面之研究法。其實我輩讀論語之主要目的還不在此。論語之最大價値在敎人以人格的修養。修養人格。決非徒恃記誦或考證。最要是身體力行。使古人所敎變成我所自得。既已如此。則不必貪多務廣。果能切實受持一兩語。便可以終身受用。至某一兩語最合我受用。則全在各人之自行領會。非別人所能參預。別人參預。則已非自得矣。要之學者苟能將論語反覆熟讀若干次。則必能睪然有見於孔子之全人格。以作自己祈嚮之準鵠。而其間亦必有若干語句。恰與自己個性相針對。讀之別有會心。可以作終身受持之用也。論語文並不繁。熟讀並不費力。吾深望青年勿蔑棄此家寶也。

論語注釋書及關係書

論語注釋。有漢鄭康成注。已佚。近人有輯本。有魏何晏集解。宋邢昺義疏。現行十三經注疏所載者卽是。但其中要語。多爲後人新疏所采。不讀亦得。爲便於學者計。列舉以下之注釋書及關係書各種。

一．宋朱熹論語集注。論語或問。

集注簡而明。最便讀者。但其中有稍涉理障處。或問時於集注外有所發明。

二．清戴望論語注。

此書亦簡明。訓詁視朱注爲精審。但多以公羊家言爲解。穿鑿附會。間亦不免。

三．清劉寶楠論語正義。

最精博。但太繁。非專家研究者不必讀。

四．清顏元四書正誤論語之部。

此專正朱注之誤也。可見習齋一家學說。

五．清焦循論語通釋。

此書將論語教義要點分類研究。其方法最可學。

六。清阮元揅經堂集中論語論仁解。

此書一短篇文。專取論語言「仁」之一部鈔下通貫研究。其方法可學。

七。清崔述洙泗考信錄附餘錄。

此書爲最謹嚴之孔子傳。其資料什九取自論語。辨論語竄亂之部分。當略以此書所疑者爲標準。

以上說論語竟

孟子之編纂者及篇數　史記孟子荀卿列傳云。『孟子乃述唐虞三代之德。是以所如者不合。退而與萬章之徒序詩書述仲尼之意。作孟子七篇。』趙岐孟子題辭云。『退而論集所與高第弟子公孫丑萬章之徒難疑問答。又自撰其法度之言。著書七篇二百六十一章三萬四千六百八十五字。』據此則漢儒傳說。皆謂此書爲孟子自撰。然書中稱時君皆舉其謚。如梁惠王。襄王。齊宣王。魯平公。鄒穆公皆然。乃至滕文公之年少亦皆如是。其人未必皆先孟子而卒。何以皆稱其謚。又書中於孟子門人多以「子」稱之。樂正子公都子。屋廬子徐子。陳子。皆然。不稱子者無幾。果孟子所自著。恐未必自稱其門人皆曰子。細玩此書。蓋孟子門人萬章公孫丑等所追述。故所記二子問答之言最多。而二子在書中亦不以子稱也。其成書年代雖不可確指。然最早總在周赧王十九年（西紀前二九六）梁襄王卒之後。上距孔子卒一百八十餘年。下距秦始皇幷六國七十餘年也。今本孟子七篇。而漢書藝文志儒家云。『孟子十一篇』應劭風俗通窮通篇亦云然。趙岐題辭云。『又有外書四篇——性善。辯文。說孝經。爲政。其文不能宏深。不與內篇相似。似非孟子本眞。後人依放而託也。』據此。知漢時所流傳者。尚有外書四篇。與今七篇混爲一本。趙邠卿（岐）鑑定為贋品。故所作孟子章句、惟釋七篇。此後趙注獨行。而外篇遂廢。後人或以爲惜。但吾儕頗信邠卿鑑別力不謬。其排斥外篇。不使珷玞亂玉。殆可稱孟子功臣。今外篇佚文見於法言鹽鐵論顏氏家訓李善文選注……等書有若干條。經近人輯出。誠有如邠卿所謂『不能宏深不與內篇相似』也。至明季姚士粦所傳孟子外書四篇。則又僞中出僞。並非漢時之舊。更不足道矣。

孟子之內容及其價值　孟子與荀卿。爲孔門下兩大師。就學派系統論。當時儒墨道法四家並峙。孟子不過儒家一支流。其地位不能比老聃墨翟。但孟子在文化史上有特別貢獻者二端。

一。高唱性善主義。教人以自動的擴大人格。在哲學上及教育學上成爲一種有永久價值之學說。

二。排斥功利主義。其用意雖在矯當時之弊。然在政治學社會學上最少亦代表一面眞理。

其全書要點略如下。

一。哲理談。窮究心性之體相。證成性善之旨。告子上下篇盡心上篇。多屬此類。

二。政治談。發揮民本主義。排斥國家的功利主義。提出經濟上種種理想的建設。梁惠王上下篇滕文公上篇全部皆屬此類。其餘各篇亦多散見。

三。一般修養談。多用發揚蹈厲語。提倡獨立自尊的精神。排斥個人的功利主義。滕文公告子盡心三篇最多。餘篇亦常有。

四。歷史人物批評。借古人言論行事。證成自己的主義。萬章篇最多。

五。對於他派之辯爭。其主要者如後儒所稱之闢楊墨。此外如對於告子論性之辨難。對於許行陳仲子之呵斥對於法家者流政策之痛駁等皆是。

六、記孟子出處辭受及日常行事等。

右各項中惟第四項之歷史談價值最低。因當時傳說多不可信。而孟子並非史家。其著書宗旨又不在綜覈古事。故凡關於此項之記載及批評。應認爲孟子借事明義。不可當史讀。第五項辯爭之談。雙方皆持之有故。言之成理。未可偏執一是。第二項之政治談。因時代不同。其具體的制度自多不適用。然其根本精神固有永久價值。餘三項價值皆極高。

讀孟子法 讀論語孟子一類書。當分兩種目的。其一爲修養受用。其一爲學術的研究。爲修養受用起見。論語如飯。最宜滋養。孟子如藥。最宜祓除及興奮。讀孟子第一宜觀其砥礪廉隅。崇尙名節。進退辭受取與之間竣立防閑。如此然後可以自守而不至墮落。第二宜觀其氣象博大。獨往獨來。光明俊偉。絕無藏閃。能常常誦習體會。人格自然擴大。第三宜觀其意志堅强。百折不回。服膺書中語。對於環境之壓迫。可以增加抵抗力。第四宜觀其修養下手工夫簡易直捷。無後儒所言支離玄渺之二病。要之孟子爲修養最適當之書。於今日青年尤爲相宜。學者宜摘取其中精要語熟誦。或鈔出常常閱覽。使其精神深入我之「下意識」中。則一生做人基礎可以穩固。而且日日向上。至老不衰矣。

學術的研究方面極多。宜各隨興味所注。分項精求。惟每研究一項。必須對於本書所言徹頭徹尾理會一番。且須對於他書有關係的資料博爲蒐采參核。試舉數例

一、如欲研究孟子哲學。必須先將書中所謂性所謂心所謂情所謂才所謂義所謂理……種種名詞。子細

推敲求得其正確之意義。復又須貫通全書。求得某幾點爲其宗旨之主腦。然後推尋其條理所由衍出。又須將別派學說與之對照研究。如荀子春秋繁露等書觀其所自立說。及批駁孟子者何如。

二。欲研究孟子之政治論宜先提挈出幾個大綱領——例如民本主義統一主義非功利主義等等觀其主張之一貫。又須熟察時代背景。偏觀反對派學說。再下公正的批評。

三。孟子闢異端我輩不必隨聲附和。然可從書中發見許多「異端」的學說。例如楊朱。許行。宋牼。陳仲子。莫。白圭。告子。淳于髡等其書皆不傳。且有並姓名亦不見於他書者。從孟子書中將其學說摭拾研究。便是古代學術史絕好資料。

四。將本書所載孟子所見之人所歷之地及其行事言論鉤稽排比。可以作一篇極翔實的孟子小傳。

以上不過略舉數例。學者如有研究興味則方面尚多。在各人自擇而已。

孟子之注釋書及關係書

最古之孟子注釋書爲東漢趙岐之孟子章句。且每章綴以章指。其書現存。全文見焦循孟子正義中。今不另舉。

一。宋朱熹孟子集注。性質及價值皆同論語集注。

二。清焦循孟子正義。考證最精審且能發明大義。現行各注疏。未有其比。

三。清戴震孟子字義疏證。

此書乃戴氏發表自己哲學意見之作並非專爲解釋孟子但研究孟子哲學自應以此爲極要之參考品.

四. 清陳澧東塾讀書記內孟子之卷.

此卷將孟子全書拆散而比觀之所發明不少其治學方法最可學

五. 清崔述孟子事實錄.

此書爲極謹嚴孟子小傳.

以上說孟子竟

附論大學中庸

大學中庸本小戴禮記中之兩篇禮記爲七十子後學者所記其著作年代或在戰國末或在西漢不等其價値本遠在論孟下自宋程正叔抽出此二篇特別提倡朱晦庵乃創爲四子書之名其次序一大學二論語三孟子四中庸於是近七八百年來此二篇之地位驟高幾駕羣經而上之斯大奇矣

區區大學一篇本不知誰氏作而朱晦庵以意分爲經傳兩項其言曰『經一章蓋孔子之言而曾子述之傳十章則曾子之意而門人記之』然而皆屬意度羌無實證晦庵又因其書有與自己理想不盡合者乃指爲有錯簡以意顚倒其次序又指爲有脫漏而自作補格致傳一章此其非學者態度所宜出也而明清兩朝非惟以大學儕諸經且幾將朱氏補傳與孔子之言同視矣中間王陽明主張「大學古本」對於朱氏所改所補而倡異議然重視大學之觀念迄未稍變惟清初有陳乾初確者著大學辨一篇力言此書非孔子曾子作且謂其『專言知不言行與孔門教法相戾』此論甫出攻擊蠭起共指爲非聖無法後亦無人過問自此書列於四書之首

其篇中『致知格物』四字惹起無數異說辨難之作可汗十牛然以此爲孔子教人入德之門非求得其說不可由吾儕觀之此篇不過秦漢間一儒生之言原不值如此之尊重而固守也

中庸篇朱晦庵謂『子思作之以授孟子』其言亦無據篇中有一章襲孟子語而略有改竄據崔東壁所考證則其書決出孟子後也此篇論心論性精語頗多在哲學史上極有價值

要而論之大學中庸不失爲儒門兩篇名著讀之甚有益於修養且既已人人誦習垂千年形成國民常識之一部分故今之學者亦不可以不一讀但不必尊仰太過反失其相當之位置耳

附論孝經　孝經自漢以來已與論語平視今且列爲十三經之一共傳『孔子志在春秋行在孝經』以爲孔子手著書卽此兩種其實此二語出自緯書純屬漢人附會「經」之名孔子時並未曾有專就命名論已足徵其妄其書發端云『仲尼居曾子侍』安有孔子著書而作此稱謂耶書中文義皆極膚淺置諸戴記四十九篇中猶爲下乘雖不讀可也

附論其他關於孔子之記載書　記載孔子言論行事之書惟論語爲最可信其他先秦諸子所記宜以極嚴冷謹愼之態度觀之蓋凡一偉大人物必有無數神話集於其身不可不察也今傳孔子家語孔叢子兩書皆晉人僞作萬不可讀有孔子集語一書乃宋人採集羣書言孔子事者大半誣孔子而已學者誠誦法孔子則一部論語終身受用不盡『豈買菜也而求添乎』

以上附論竟

史記

史記作者之略歷及其年代

史記百三十篇。漢太史令司馬遷作。遷字子長。（見揚雄法言及王充論衡）左馮翊夏陽人。（據自序『司馬氏入少梁』語案推漢地）今陝西之同州韓城縣也。司馬氏世典周史。遷父談。以漢武帝建元元封間仕為太史令。談卒。遷襲官。遷生卒年不見於太史公自序及漢書司馬遷傳。惟據自序云『為太史令五年而當太初元年』。張守節正義云『案遷年四十二歲』。以此推算知遷生於景帝中五年（西紀前一四五〇年）。父談學天官於唐都。受易於楊何。習道論於黃子。遷皆傳其學。遷又受業孔安國治尚書。聞春秋於董仲舒。喜游歷。足跡徧天下。其所經行之地見於本書者如下。

五帝本紀『余嘗西至空同。北過涿鹿。東漸於海。南浮江淮矣。』

河渠書『余南登廬山。觀禹疏九江。遂至於會稽大湟。上姑蘇。望五湖。東闚洛汭大邳。迎河行淮泗濟漯洛渠。西瞻蜀之岷山及離碓。北自龍門至於朔方。』

齊太公世家『吾適齊。自泰山屬之琅邪。北被於海。膏壤二千餘里。』

魏世家『吾適故大梁之墟。』

孔子世家『余適魯。觀仲尼廟堂。』

伯夷列傳『余登箕山。其上蓋有許由冢云。』

孟嘗君列傳『吾嘗過薛。其俗閭里率多暴桀子弟。與鄒魯殊。』

信陵君列傳。『吾過大梁之墟。求問其所謂夷門。夷門者。城之東門也。』
春申君列傳。『吾適楚。觀春申君故城宮室。盛矣哉。』
屈原賈生列傳。『余適長沙。觀屈原所自沈淵。』
蒙恬列傳。『吾適北邊。自直道歸。行觀蒙恬取爲秦築長城亭障。』
淮陰侯列傳。『吾如淮陰。淮陰人爲余言韓信。』『余視其母冢。』
樊酈滕灌列傳。『吾適豐沛。問其遺老。觀故蕭曹樊噲滕公之冢。』
太史公自序。『二十而南遊江淮。上會稽。探禹穴。闚九疑。浮於沅湘。北涉汶泗。講業齊魯之都。觀孔子之遺風。鄉射鄒嶧。戹困鄱薛彭城。過梁楚以歸。』『奉使西征巴蜀以南。南略邛笮昆明。』
吾儕試取一地圖。按今地施朱線。以考遷遊踪。則知當時全漢版圖。除朝鮮河西嶺南諸新開郡外。所歷殆徧矣。遷初仕爲郎中。及繼父任太史令。則奉詔脩太初歷。自發議迄頒定。皆遷主之。始末具詳漢書律歷志。脩歷事畢。從事作史。史未成。因上書救李陵獲罪。下蠶室。已而爲中書令。尊寵任事。其卒年無考。大率在武帝末年。今據王靜安（國維）所著太史公繫年考略。略表其行歷年代如下。

西紀前一四五（景帝中五年）遷生。

前一四〇（武帝建元元年）六歲。

前一三六（建元五年）十歲。自序云『年十歲則誦古文。』

前一三四（元光元年）十二歲。

前一二八（元朔元年）十八歲。

前一二六（元朔三年）二十歲自序云『二十而南遊江淮……過梁楚以歸。』全文見前所記或不止一年事。要之自二十歲起遊學四方也。

前一二二（元狩元年）二十四歲。史記所記事。訖於是年。說詳下。

前一一六（元鼎元年）三十歲。自序云『於是遷仕爲郎中』其年無考。大約在元狩元鼎間。

前一一〇（元封元年）三十六歲。自序云『奉使西征巴蜀還報命。是歲天子始建漢家之封』遷歸自南。見父談於河淮之閒未幾談卒遺命使遷撰史。

前一〇八（元封三年）三十八歲。始爲太史令。自序云『太史公卒三歲而遷爲太史令紬石室金匱之書』

前一〇四（太初元年）四十二歲。據漢書律歷志元封七年因太史令司馬遷等言歷法廢壞宜改正朔。乃詔以明年爲太初元年。命遷等造漢歷選鄧平及民間治歷者二十餘人參其事事竣詔遷頒所造八十一分歷。即所謂太初歷也。遷生平事業造歷之功蓋亞於作史云。

史記蓋以是年屬稿。自序云『五年爲太史令後之五年而當太初元年。……太史公曰孔子卒後至於今五百歲。……小子何敢讓焉。……於是論次其文。……』

前一〇〇（天漢元年）四十六歲

前九八（天漢三年）四十八歲。下獄被刑。自序云『七年而太史公遭李陵之禍。幽於縲紲』徐廣注云『天漢三年』（據李將軍列傳及匈奴列傳李陵降匈奴在天漢二年）是時史記尚未成書故報任安書云『草創未就.適會此禍.惜其不成.是以就極刑而無慍色』

前九六（太始元年）五十歲.漢書本傳云『遷既被刑之後.爲中書令.尊寵任職事』.當在此數年中.

前九三（太始四年）五十三歲.是年有報益州刺史任安書.書見漢書本傳.不箸年月.惟書中有『會東從上來』語.又有『涉旬月迫季冬.僕又薄從上雍』語.考漢書武帝紀『是年春三月.行幸太山.夏四月.幸不其.五月.還幸建章宮』.即所謂『東從上來』也.又『冬十二月.行幸雍.祠五畤』.即所謂『季冬從上雍』也.故知報書在是年.遷時爲宦侍.故每出必扈行也.

前九二（征和元年）五十四歲.

前八八（後元元年）若遷尚在.則其年五十八歲.明年武帝崩.遷卒年絕無可考.惟據漢書宣帝紀.載武帝後元二年.遣使盡殺長安獄囚.內謁者令郭穰夜至郡邸獄云云.案續漢書百官志.知內謁者令.即中書謁者令.亦即中書令.然則其時遷已不在中書.計當前卒矣.大約遷之年代與武帝相始終也.

史記之名稱及其原料　史記之名.非遷書原名也.其見於漢書者.藝文志述劉歆七略.稱『太史公百三十篇』.楊惲傳謂之「太史公記」.應劭風俗通（卷一卷六）同.宣元六王傳謂之「太史公書」.班彪略論.王充論衡同.而風俗通（卷二）時或稱「太史記」.是知兩漢時並未有名遷書爲「史記」者.本書中「史記」之名凡八見.（一）周本紀云『太史伯陽讀史記』.（二）十二諸侯年表云『孔子論史記舊聞』.（三）十二諸侯年表云『左丘明因孔子史記具論其語』.（四）六國表云『秦燒天下書.諸侯史記尤甚』.（五）六國表云『史記獨藏周室』.（六）天官書云『余觀史記考事』.（七）孔子世家云『乃因魯史記作春

秋』（八）太史公自序云『紬史記石室金匱之書』皆指古史也。「史記」之名蓋起於魏晉間。實「太史公記」之省稱耳。

史記所據之原料。據班彪略論則（一）左傳（二）國語（三）世本（四）戰國策（五）陸賈楚漢春秋。今考本書中自述其所取材者如下。

五帝本紀『予觀春秋國語』

殷本紀『自成湯以來采於詩書』

秦始皇本紀『吾讀秦記』

孝武本紀『余究觀方士祠官之言』

三代世表『余讀諜記稽其歷譜』

十二諸年表『太史公讀春秋歷譜諜』『秦記不載日月其文略不具』『余於是因秦記踵春秋之後……著諸所聞興壞之端』

吳太伯世家『余讀春秋古文』

衞康叔世家『余讀世家言』

伯夷列傳『學者載籍極博猶考信於六藝』

管晏列傳『吾讀管氏牧民山高乘馬輕重九府及晏子春秋』

司馬穰苴列傳『余讀司馬兵法』

孫吳列傳。「孫子十三篇吳起兵法世多有。」

仲尼弟子列傳。「悉取論語弟子問幷次爲篇。」

孟子荀卿列傳「余讀孟子書。」「自如孟子至於吁子世多有其書。」

商鞅列傳。「余嘗讀商君開塞耕戰書。」

屈原賈生列傳。「余讀離騷天問招魂哀郢。」

酈生陸賈列傳。「余讀陸生新語書。」

儒林列傳。「余讀功令。」

大抵除班彪所舉五書外。史公所采主要材料（一）六藝。（二）秦史記。（三）諜記。（或即世本）（四）諸子著書現存者。（五）功令官書。（六）方士言。而秦火後「諸侯史記」之湮滅。則史公最感苦痛者也。

史公史料多就地采訪。觀前條所列游踪可見。各篇中尙有明著其所親見聞者如下。

項羽本紀。「吾聞之周生。」

趙世家。「吾聞馮王孫。」

魏世家。「吾適故大梁之墟。墟中人言曰。」

淮陰侯列傳。「吾如淮陰。淮陰人爲余言。」

樊酈絳滕列傳。「余與他廣遊。爲言高祖功臣之興時若此云。」

馮唐傳。「唐子遂與余善。」

韓長孺列傳『余與壺遂定律曆觀韓長孺之義』

李將軍列傳『余覩李將軍悛悛如鄙人』

衞將軍驃騎列傳『蘇建語余曰』

游俠列傳『吾觀郭解狀貌不如中人』

凡此皆史記資料多取諸載籍以外之證也

史記著述之旨趣　史記自是中國第一部史書但吾儕最當注意者『爲作史而作史』不過近世史學家之新觀念從前史家作史大率別有一「超史的」目的而借史事爲其手段此在各國舊史皆然而中國爲尤甚也孔子所作春秋表面上像一部二百四十年的史然其中實孕含無數「微言大義」故後世學者不謂之史而謂之經司馬遷實當時春秋家大師董仲舒之受業弟子其作史記蓋竊比春秋故其自序首引仲舒所述孔子之言曰『我欲載之空言不如見之於行事之深切著明也』其意若曰吾本有種種理想將以覺民而救世但憑空發議論難以警切不如借現成的歷史上事實做個題目使讀者更爲親切有味云爾春秋旨趣既如此則竊比春秋之史記可知故遷報任安書云『欲以究天人之際通古今之變成一家之言』自序亦云『略以拾遺補藝成一家之言厥協六經異傳整齊百家雜語藏諸名山副在京師俟後世聖人君子』由此觀之其著書最大目的乃在發表司馬氏「一家之言」與荀卿著荀子董生著春秋繁露性質正同不過其「一家之言」乃借史的形式以發表耳故僅以近世史的觀念讀史記非能知史記者也

史記之史的價值　然則史記不復有史的價值耶是又不然據自序『司馬氏世典周史』古代學術率

為官府所專有．而史官尤為其淵海．談遷父子入漢、世守其業．自序云『百年之間．天下遺文古事．靡不畢集太史公．太史公仍父子相續纂其職．』蓋當時具備作史資格者．無如遷父子．故談臨終以此責遷．而遷亦毅然以此自任．前此史家著述成績何如．今不可盡考．略以現存之幾部古史觀之．大抵為斷片的雜記．或順按年月纂錄．其自出機杼．加以一番組織．先定全書規模．然後駕馭去取各種資料者．蓋未之前有．有之自遷書始也．自序云『余所謂述故事．整齊其世傳．非所謂作也．』此遷自謙云爾．作史安能憑空自造．舍「述」無由．史家惟一職務．即在「整齊其世傳」．「整齊」即史家之創作也．能否「整齊」．則視乎其人之學識及天才．太史公知整齊之必要．又知所以整齊．又能使其整齊理想實現．故太史公為史界第一創作家也．

史記創造之要點．以余所見者如下．

一．以人物為中心　歷史由環境構成耶．由人物構成耶．此為史界累世聚訟之問題．以吾儕所見．雖兩方勢力俱不可蔑．而人類心力發展之功．能固當畸重．中國史家最注意於此．而實自太史公發之．其書百三十篇．除十表八書外．餘皆個人傳記．在外國史及過去古籍中．無此體裁．以無數個人傳記之集合體．成一史．結果成為人的史．而非社會的史．是其短處．然對於能發動社會事變之主要人物．各留一較詳確之面影以傳於後．此其所長也．長短得失．且勿論．要之太史公一創作也．

二．歷史之整個的觀念　從前的史．或屬於一件事的關係文書——如尚書．或屬於各地方的記載——如國語戰國策．或屬於一時代的記載——如春秋及左傳．史記則舉其時所及知之人類全體．自有文化以來數千年之總活動冶為一爐．自此始認識歷史為整個渾一的．為永久相續的．非至秦漢統一後．且文化發展至相當程度則此觀念不能發生而太史公實應運而生史記實爲中國通史之創始者自班固以下此意荒矣故鄭漁仲（樵）章實齋（學誠）力言漢書以後「斷代史」之不當雖責備或太過然史公之遠識與偉力則無論何人不能否定也

右二項就理想方面論

三、組織之複雜及其聯絡　史記以十二本紀十表八書三十世家七十列傳組織而成其本紀及世家之一部分爲編年體用以定時間的關係其列傳則人的記載貫徹其以人物爲歷史主體之精神其書則自然界現象與社會制度之記述與「人的史」相調劑內中意匠特出尤在十表據桓譚新論謂其『旁行斜上並倣周譜」或以前嘗有此體製亦未可知然各表之分合間架總出諸史公之慘澹經營表法既立可以文省事多而事之脈絡亦具史記以此四部分組成全書互相調和互保聯絡遂成一部博大謹嚴之著作後世作斷代史者雖或於表志門目間有增減而大體組織不能越其範圍可見史公創作力之雄偉能籠罩千古也

四、敍列之扼要而美妙　後世諸史之列傳多藉史以傳人史記之列傳惟藉人以明史故與社會無大關係之人濫竽者少換一方面看立傳之人並不限於政治方面凡與社會各部分有關係之事業皆有傳爲之代表以行文而論每敍一人能將其面目活現又極複雜之事項——例如貨殖列傳匈奴列傳西南夷列傳等所敍皆能剖析條理縝密而清晰其才力固自敻絕

右二項就技術方面論

要之史記價值久爲學界所公認吾儕贊美適成贅詞反不如攻其闕失猶足附於史公忠臣之列今姑述此四項致吾敬仰云爾

史記成書年代及後人補續竄亂之部分

現存古書什有九非本來面目非加一番別擇整理工夫而貿然輕信殊足以誤人然別擇整理之難殆未有甚於史記者今欲從事研究蓋有先決問題二一爲史記是否已成書之問題二爲史記記事最終年限問題

史記是否已成書耶按自序則百三十篇粲然具備似悉出史公手定故此問題二千年從未發生然據漢書司馬遷傳已云『十篇有錄無書』後漢書班彪傳亦云『十篇缺焉』注家謂『遷沒之後亡』則認爲書本完成後乃亡佚云爾吾細考史公年歷則不能無疑報任安書自述下獄時事云『草創未就會遭此禍惜其不成是以就極刑而無慍色』則其時書尚未成可知時天漢三年也自此以後去太史令職而爲中書令「金匱石室之藏」不復能如昔時之恣其紬讀又近侍尊寵每有巡幸無役不從依漢書武帝紀所載『太始二年正月行幸回中登隴首三年正月行幸甘泉五月行幸東海至琅邪成山登之罘冬乃歸四年三月行幸泰山四月幸不其十二月行幸雍西至安定北地此皆史公官中書時事計數年間能安居京師從事著述者殆無幾日報任安書所謂『卒卒無須臾之間得竭志意』蓋實情也報任安書已經考定爲太始四年冬間作玩其語氣史確未成書云『僕誠已著此書則償前辱之責雖萬被戮豈有悔哉』下又云『是以腸一日而九迴居則忽忽若有所亡出則不知其所往每念斯恥汗未嘗不發背沾衣也』則書未成而前辱未償明甚越二年而巫蠱難作史公存亡已不可考矣然則書竟不成而齎志以沒未可知也信如是也則史記之有缺篇非亡佚而原缺也而

今本乃百三十篇。一無所欠。其果為遷書之舊耶否耶。

史記所記事以何年為最終年限耶。據自序曰『故述往事。思來者。卒述陶唐以來。至於麟止。』集解『張晏曰。武帝獲麟。以為述事之端。上包黃帝。下至麟止。猶春秋止於獲麟也。』漢書揚雄傳云『太史公記六國。歷楚漢。訖麟止。』後漢書班彪傳云。『太史令司馬遷上自黃帝。下訖獲麟。作本紀世家列傳書表凡百三十篇。』右據遷所自言。及揚雄班固言。（揚雄傳。雄所自作。班書全采之。班彪傳。班固作。范書全采之。）則「麟止」一語殆為鐵案。案武帝獲麟在元狩元年冬十月。（西紀前一二二）孔子作春秋。訖於魯哀公十四年西狩獲麟。史記竊比春秋。時亦適有獲麟之事。故所記以此為終限。然則武帝本紀當敍至元狩元年十月止。年表世家列傳稱是。凡此年以後之記事皆非原文。此標準宜為最可信據者。

雖然。本書所載元狩元年以後之事甚多。而年限亦有異說。其年限之異說。則

一。訖太初說　太史公自序最末一段云『余述歷黃帝以來至太初而訖。』漢書敍傳云。『太初以後。闕而不錄。』太初凡四年。若訖太初四年（西紀前一〇一）則逾麟止之限二十二年。

二。訖天漢說　漢書司馬遷傳贊云『述楚漢春秋。接其後事。訖於天漢。』史記之集解索隱正義皆主是說。天漢接太初後。凡四年。若訖天漢四年（西紀前九七）則逾麟止之限二十六年。

三。訖武帝末說　建元以來侯者年表末附『褚先生曰。太史公記事盡於武帝之末。』武帝最末一年為後元二年（西紀前八七）若訖於此。則逾麟止之限三十六年。

右第二第三兩種異說。出自後人之口。且暫置不理。惟第一異說之訖太初。則與訖麟止語同出自序。一篇之中。

矛盾至此實令人迷惑查「訖麟止」語在自序大序之正文中「訖太初」語乃在小序之後另附一行文體突兀不肖又漢書本傳全錄自序而不載此一行似班固所見自序原本並無此語衡以史公竊比春秋之本意固宜以「麟止」爲斷也但太初天漢事尙爲史公所及見耳今本史記不獨太初天漢事盈篇累幅也乃至記武帝後事者且不一而足如

一．酷吏傳載『杜周捕治桑弘羊昆弟子』事在昭帝元鳳間（西紀前八〇至七五）距武帝崩六年至十二年．

二．楚元王世家云『地節二年中人上書告楚王謀反』宣帝地節二年（西紀前六八）距武帝崩十九年．

三．齊悼惠王世家載「建始三年城陽王景卒同年菑川王横卒」成帝建始三年（西紀前三〇）距武帝崩五十七年．

四．將相名臣表武帝後續以昭宣元成四帝直至鴻嘉元年止成帝鴻嘉元年（西紀前二〇）距武帝崩六十七年．

右不過舉數條爲例書中所記昭宣元成間事蓋更僕難數無論如何曲解斷不能謂太史公及見建始鴻嘉時事然而此諸條者固明明在今本正文中稍粗心讀去絕不能辨矣吾儕據此等鐵證可以斷言今本史記決非史公之舊其中有一部分乃後人羼亂．

然則史記何故容後人羼亂耶某部分屬於後人羼亂耶其來由及種類約有三．

第一類．原本缺亡而後人補作者．漢書司馬遷傳云『十篇缺有錄無書』顏注引張晏曰『亡景紀武紀禮書樂書兵書漢興以來將相年表日者列傳三王世家龜策列傳傅靳列傳元成之間褚先生補缺作武帝紀三王世家日者龜策列傳言辭鄙陋非遷本意也』案今本三王世家日者龜策兩傳皆有褚先生補文附於贊嗣之後而史公原文似亦未嘗缺若武帝紀則並褚補字樣而無之而其文乃割裂封禪書贊語亦全與封禪書同非原文明矣其餘張晏所舉諸篇今本皆現存其不足信益明又三代世表建元以來侯者年表陳涉世家外戚世家梁孝王世家田叔列傳等篇皆各有『褚先生曰』一段補文附於贊語後則褚補原不僅四篇也如張丞相列傳於贊語後有一大段補文但並無『褚先生曰』字樣知補者又不獨一褚先生也補文別附贊後者吾輩能識別之若如武帝紀之類竟以補文作正文或所補並非褚先生之舊者則後人從何辨耶

第二類　後人續撰者　漢書藝文志於『太史公百三十篇』（史記本名太史公書）之後接列『馮商所續太史公七篇』劉知幾史通正史篇云『史記太初已後闕而不錄其後劉向向子歆及諸好事者若馮商衛衡揚雄史岑梁審肆仁晉馮段肅金丹馮衍韋融蕭奮劉恂等相次撰續迄於哀平間猶名史記』（後漢書班彪傳注亦列舉續史記者尚有陽城衛史孝山二人孝山當即岑）據此則西漢東漢之交續史記者將二十家而皆仍其舊名即班彪續作數十篇亦僅名爲後傳（見彪傳）蓋自馮商劉向以迄班彪其意皆欲各據所立時代以次遞續不別爲書其截采史記記漢初以來之一部分續以昭宣迄哀平之部分以成斷代之史則自班固始耳（然漢書古今人表所表皆漢以前人則其體裁仍是補續史記也）當書既未有印書傳鈔皆用竹木簡或縑帛弆攜兩艱用之彌嗇各家所續本或即以塗附於原鈔本中即不然而學者展轉誦習竟將續本與原本合鈔以圖省便亦意中事故今本史記有馮商劉向劉歆……

……諸人手筆雜入其中者。定不少也。

之書中關於漢事之記載。若嚴格的甄別。宜以元狩元年以前爲斷。卽稍寬。亦只能截至太初末而止。其有溢出此年限外者。決非史公之舊也。然此猶較易辨別。其最難者。則有。

第三類。後人故意竄亂者。　西漢末學界一大公案起焉。曰今古文之爭。事緣劉歆典校中祕書。自稱發見各種古文經傳。其主要者則春秋左氏傳。周禮。古文尚書。其餘羣經亦皆有古本。而其學說什九與漢初以來諸師所傳者相背戾。又有各種緯書。亦皆起自哀平間。其言荒誕不可究詰。東漢以後。多數學者皆信此等書爲先秦古籍。而今文家則謂是皆歆及其徒黨所僞造。以媚王莽而助其篡。內中與史記問題關係最密切者。尤在尚書左傳兩書。今文家『謂尚書爲備。（意謂漢初諸師所傳二十八篇之尚書已完備無缺無所謂百篇及書序也）謂左氏不傳春秋』（意謂左氏春秋卽國語純屬別行之史並非爲春秋傳也）然則史公所述三代前及春秋間事。宜以尚書二十八篇及原本左氏春秋——卽國語爲限。而今史記乃多有助「古文家言」張目者。嚴鞫此讞。乃不能不歸獄於歆等之有意竄亂。

然則歆等竄亂。果有可能性耶。曰。有。其一。據漢書王莽傳。『元始四年。徵天下有逸禮。古書。（卽古文尚書）毛詩。周官。爾雅。天文。圖讖。鍾律。月令。兵法。史篇文字。通知其意者。皆詣公車。前後至者千數。皆令記說廷中。將令正乖繆。壹異說。』古文學說之掩襲天下。自此役始。蓋此千數人者。皆承莽歆意旨以改竄古書爲職者也。而「史篇」亦在其中。則遷書之遭蹂躪。實意中事。時歆方典中祕書。則彼之所改。自稱定本。誰復能與抗辯。其二。續史記者十六人。而歆與居一。歆所續今雖不傳。然其人學博名高。其書必有可觀。故班固漢書多採之。（黃省曾西京雜記序謂『班固漢書全取劉歆』雖書之或太過然歆書爲固書最重要之原料殆不可疑）今本史記以後人補續之語羼入正文者既所在多有（見前文）且尤有後世妄人取漢書竄補者（見下文）則其中有一部分爲歆手筆並無足怪。

右所舉第一第二類清代乾嘉諸儒考證頗詳其第三類則吾師康南海先生（有爲）之新學僞經考初發此疑近人崔觶甫（適）著史記探原大發其覆雖其中有過當之處而大致蓋可取今略綜諸家之說推攷各篇眞僞如下。

第一 全篇原缺後人續補者。 漢書本傳明言『十篇缺有錄無書』班固所不及見者後人何由得見故左列十篇應認爲全僞。

孝景本紀 張晏云『亡』司馬貞云『取班書補之』

孝武本紀 張晏云『武紀亡褚先生補作也』司馬貞云『褚先生集合武帝事以編年今止取封禪書補之信其才之薄也』今案此紀卽封禪書之下半疑並不出褚先生手或褚補亦亡後人再割裂他篇充數耶。

漢興以來將相名臣年表 張晏云『亡』裴駰云『太始以後後人所續』案當從張說全篇爲後人補續。

禮書 張晏云『亡』司馬貞云『取荀卿禮論』

樂書 張晏云『亡』司馬貞云『取禮記樂記』

律書 張晏云『兵書亡』顏師古云『序目無兵書』司馬貞云『兵書遷沒之後亡褚少孫以律書補之』

三王世家　張晏云『亡褚先生補』案今本於太史公贊後附錄褚補文而費前則錄三封策。實則前後皆褚補也

日者列傳龜策列傳　張晏云『亡褚先生補』案此兩篇文甚蕪鄙是否卽褚補原本尙未敢信

傅靳蒯成列傳　張晏云『亡』案今本蓋後人從漢書錄補

第二　明著續之文及補續痕跡易見者

三代世表　篇末自「張夫子問褚先生曰」以下

張丞相傳　篇末自『孝武時丞相多』以下

田叔列傳　篇末自『褚先生曰』以下

平津侯主父列傳　篇末自『太皇太后詔』以下又自『班固稱曰』以下

滑稽列傳篇末『褚先生曰』以下

以上各條今武英殿版本皆改爲低一格以示識別

第三　全篇可疑者　班固稱有錄無書者雖僅十篇然吾儕因此已得知史記確爲未成之書或雖成而已有亡失原書未成之推定說已詳前卽已成之部分亦有亡佚之可能性以卷帙浩瀚之書在傳寫極艱之時代散亡甚易略可想見漢書本傳云『遷旣死後其書稍出』據此似是一部分陸續傳布後漢書竇融傳云『光武賜融以太史公五宗世家外戚世家魏其侯列傳』則摘篇別寫單行固有明例矣則各家鈔本有一部分亡缺亦事理之常要之原缺續補者旣有十篇則所缺所補亦可至十篇以外淮南子所謂鑿

一孔而百隙隨也。今本史記中多有與漢書略同。而玩其文義。乃似史記割裂漢書。非漢書刪取史記者。崔適指出各篇如下。

孝武本紀	妄人錄漢書郊祀志
律書　曆書	妄人錄漢書律歷志
天官書	妄人錄漢書天文志
封禪書	妄人錄漢書郊祀志
河渠書	妄人錄漢書溝洫志
平準書	妄人錄漢書食貨志
張丞相列傳	妄人錄漢書
南越尉佗列傳	妄人錄漢書
循吏列傳	妄人所補
汲鄭列傳	妄人錄漢書
酷吏列傳	妄人錄漢書
大宛列傳	妄人錄漢書張騫李廣列傳

崔氏疑古太勇。其言雖未可據爲典要。然既對於此諸篇提出問題。且頗能言之有故。持之成理。則吾輩固宜一爲推勘矣。

第四．元狩或太初以後之漢事為後人續補竄入各篇正文者．此類在年表世家列傳中甚多．不復枚舉．

第五．各篇正文中為劉歆故意竄亂者．此項辨別甚難．舉要點數端如下．

一．凡言「終始五德」者．五帝本紀秦始皇本紀十二諸侯年表孟子荀卿列傳張蒼傳等篇．

二．凡言「十二分野」者．十二諸侯年表齊宋鄭世家張蒼傳等篇．

三．凡言古文尚書及所述書序．夏殷周本紀齊魯衞宋世家等篇．

四．凡記漢初古文傳授者．儒林列傳張蒼傳等篇．

以上所論關於史記眞本之種種考證．多采自近人著作而略斷以已意．其言頗繁重．殊為讀者所厭．吾所以不憚煩為此者．欲學者知今本史記非盡原文而已．着手讀史記以前．必須認定此事實．否則必至處處捍格難通也．

讀史記法之一

讀史記有二法．一．常識的讀法．二．專究的讀法．兩種讀法．有共同之入門準備．

一．先讀太史公自序及漢書司馬遷傳．求明了作者年代性行經歷及全書大概．

二．讀漢書敍傳論史記之部．劉知幾史通之六家篇二體篇正史篇．鄭樵通志總序論史記之部．隋書經籍志及四庫提要之史部正史類關於記述史記之部分．求略識本書在史學界之位置及價值．

今先論常識的讀法．史記為正史之祖．為有組織有宗旨之第一部古史書．文章又極優美．二千年來學者家絃戶誦．形成國民常識之一部．其地位與六經諸子相並．故凡屬學人必須一讀．無可疑者．惟全篇卷帙頗繁．卒業不易．今為節嗇日力計．先剔出以下各部分

一、十表但閱序文表中內容不必詳究但流覽其體例略比較各表編次方法之異同便得。

一、八書本為極重要之部分惟今所傳似非原本與其讀此不如讀漢書各志故可全部從省。

一、世家中吳、齊、魯、管、蔡、陳、杞、衛、宋、晉、楚、越、鄭各篇原料什九采自左傳既讀左傳則此可省但戰國一部分之世家仍須讀因戰國策太無系統故。

一、武帝紀日者傳龜策傳等已證明為偽書且蕪雜淺俚自可不讀扁鵲倉公傳等似是長編非定本一涉獵便足。

以上所甄別約當全書三分之一所省精力已不少其餘各部分之讀法略舉如下。

第一　以研究著述體例及宗旨為目的而讀之　史記以極複雜之體裁混合組織而配置極完善前既言之矣專就列傳一部分論其對於社會文化確能面面顧及政治方面代表之人物無論矣學問藝術方面亦盛水不漏試以劉向七略比附之如仲尼弟子老莊申韓孟子荀卿等傳於先秦學派網羅略具儒林傳於秦漢間學派淵源敍述特詳則六藝略諸子略之屬也如司馬穰苴孫子吳起等傳則兵書略之屬也如屈原賈生司馬相如等傳則詩賦略之屬也如扁鵲倉公傳則方技略之屬也如龜策日者兩傳則術數略之屬也又如貨殖傳之注重社會經濟外戚佞幸兩傳暗示漢代政治禍機所伏處處皆具特識又其篇目排列亦似有微意如本紀首唐虞世家首吳泰伯列傳首伯夷皆含有表章讓德之意味此等事前人多已論列不盡穿鑿附會也。

若以此項目的讀史記宜提高眼光鳥瞰全書不可徒拘拘於尋行數墨庶幾所謂「一家之言」者可以

看出

第二。以研究古代史蹟為目的而讀之。史記既為最古之通史。欲知古代史蹟。總應以之為研究基礎。為此項目的而讀。宜先用「觀大略」的讀法。將全篇一氣呵成瀏覽一過。再用自己眼光尋出每個時代之關鍵要點所在。便專向幾個要點有關係之事項。注意精讀。如此方能鉤元提要。不至泛濫無歸。

第三。以研究文章技術為目的而讀之。史記文章之價值。無論何人當不能否認。且二千年來相承誦習。其語調字法。早已形成文學常識之一部。故專為學文計。亦不能不以此書為基礎。學者如以此項目的讀史記。則宜擇其尤為傑作之十數篇精讀之。孰為傑作。此還各人賞會。本難有確定標準。吾生平所最愛讀者則以下各篇。

項羽本紀　信陵君列傳　廉頗藺相如列傳　魯仲連鄒陽列傳　淮陰侯列傳　魏其武安侯列傳

李將軍列傳　匈奴列傳　貨殖列傳　太史公自序

右諸篇皆肅括宏深。實敍事文永遠之模範。班叔皮稱史公『善序述事理。辯而不華。質而不俚。文質相稱。良史之才。』如諸篇者。洵足當之矣。學者宜精讀多次。或務成誦。自能契其神味。辭遠鄙倍。至如明清選家最樂道之伯夷列傳管晏列傳屈原賈生列傳等。以吾論之。反是篇中第二等文字耳。

史記讀法之二　今當繼論專究的讀法。史記為千古不朽之名著。本宜人人共讀。徒以去今太遠。文義或佶屈難曉。郡國名物等事。世嬗稱易。或不審所指。加以傳寫訛舛。竄亂紛紜。時或使人因疑生蔑。後輩誦習漸希。蓋此之由。謂宜悉心整理一番。俾此書盡人樂讀。吾夙有志未能逮也。謹述所懷條理。以質當世有好學者。或

獨力或合作以成之亦不朽之盛事也

一　史記確有後人續補竄亂之部分既如前述宜略以前文所論列為標準嚴密考證凡可疑者以朱線圍之俾勿與原本相混庶幾漸還史公之眞面目學者欲從事此種研究可以崔適史記探源為主要參考書而以自己忠實研究的結果下最後之判斷

二　吾輩之重視史記實在其所紀先秦古事因秦漢以後事有完備之漢書可讀唐虞三代春秋戰國之事有組織的著述未或能過史記也而不幸史記闕於此點殊不足以饜吾輩所期後人竄亂之部分無論矣即其確出史公手者其所述古史可信之程度亦遠在所述漢事下此事原不能專怪史公因遠古之史皆含有半神話的性質極難辨別此各國所同不獨我國為然矣近古——如春秋戰國資料本尚不少而秦焚一役「諸侯史記」蕩盡憑藉缺如此亦無可如何者顧吾輩所致憾於史公不在其搜采之不備而在其別擇之不精善夫班叔皮之言也『遷之著作採獲古今貫穿經傳至廣博也一人之精文重思煩故其書刊落不盡尚有盈辭多不齊一』（後漢書班彪傳）試將史記古史之部分與現存先秦古籍相較其中蕪累誣誕之辭蓋實不少即本書各篇互相矛盾者亦所在而有此非『文重思煩刊落不盡』之明效耶然居今日而治古史則終不能不以史記為考證之聚光點學者如誠忠於史公謂宜將漢以前之本紀世家年表全部磨勘一度從本書及他書搜集旁證反證是正其訛謬而汰存其精粹略用裴注三國志之義例分注於各篇各段之下庶幾乎其有信史矣學者欲從事此種研究則梁玉繩史記志疑崔述考信錄實最重要之參考書錢大昕廿二史考異王鳴盛十七史商榷趙翼廿二史劄記三書中史記之部次之

其餘清儒札記文集中，亦所在多有，然茲事既極繁重，且平決聚訟，殊大非易，成功與否，要視其人之學力及判斷何如耳，然有志之青年，固不妨取書中一二篇爲研究之嘗試，縱令不能得滿意之結果，其於治學之方法及德性所裨已多矣。

三．史記之訓詁名物，有非今之人所能驟解者，故注釋不可少，然舊注非失之太簡，卽失之太繁，宜或刪或補，最好以現今中學學生所難了解者爲標準，別作簡明之注，再加以章節句讀之符號，庶使盡人能讀。

四．地理爲史蹟筋絡，而古今地名殊稱，直讀或不知所在，故宜編一地名檢目，古今對照。

五．我國以帝王紀年，極難記憶，春秋戰國間，各國各自紀年，益複雜不易理，宜於十表之外，補一大事年表，貫通全書，以西歷紀，而附注該事件所屬之朝代或國邑紀年於其下，其時代則從十二諸侯年表以共和元年起，蓋前乎此者無徵也，其事件則以載於本書者爲限。

以上　項爲整理史記方法之綱要，學者如能循此致力，則可以史記之學名其家，而裨益於後進者，且不貲矣。至如就史記內容分類研究，或比較政治組織，或觀察社會狀態，則問題甚多，取材各異，在學者自擇也。

荀子

荀卿之年代及行歷　吾輩對於國中大思想家，莫不欲確知其年代及其行歷，然而世愈古則所知愈少，故思想界關係最大之先秦諸子，其事蹟往往絕無可考，或僅有單詞孤證，不能窺全蹟什之一二，如荀卿者，著書雖數萬言，而道及本身歷史殊少，史記雖有列傳，而文甚簡略，且似有訛舛，故非悉心攷證，不足以語於知人論世也。今徧引各書關於荀卿之資料而參驗論次如下。

史記孟子荀卿列傳。

荀卿趙人。年五十始來游學於齊。……田駢之屬皆已死齊襄王時。而荀卿最爲老師。齊尙脩列大夫之缺。而荀卿三爲祭酒焉。齊人或讒荀卿。荀卿乃適楚。而春申君以爲蘭陵令。春申君死而荀卿廢。因家蘭陵。李斯嘗爲弟子。已而相秦。

史記春申君列傳。

楚考烈王元年。以黃歇爲相。封爲春申君。……春申君相楚八年。以荀卿爲蘭陵令。……春申君相楚之二十五年。考烈王卒。李園伏死士刺春申君。斬其頭。

史記李斯列傳。

李斯……從荀卿學帝王之術。學已成。……欲西入秦。辭於荀卿。……至秦。會莊襄王卒。李斯乃求爲秦相呂不韋舍人。……二十餘年。秦幷天下。以斯爲丞相。……李斯置酒於家。百官長皆前爲壽。……斯喟然而歎曰。嗟乎。吾聞之荀卿曰『物禁太盛』。……當今人臣之位無居臣上者。可謂富貴極矣。物極則衰。吾未知所稅駕也。

本書劉向敍錄。

孫卿。趙人。名況。方齊威王宣王時。聚天下賢士於稷下。尊寵之。若鄒衍田駢淳于髡之屬甚衆。號曰列大夫。皆世所稱。咸作書刺世。是時孫卿有秀才。年五十始來游學。……至齊襄王時。孫卿最爲老師。齊尙脩列大夫之缺。而孫卿三爲祭酒焉。齊人或讒孫卿。孫卿乃適楚。楚相春申君以爲蘭陵令。人或謂春申君曰。『湯以七十里。文王以百里。孫卿賢者也。今與之百里地。楚其危乎。』春申君謝之。孫卿去之趙。後客謂春申君曰。『伊尹去夏入殷。殷王而夏亡。……今孫卿天下賢人。所去之國。其不安乎。』春申君使人聘孫卿。孫卿遺春申君書。刺楚國。因爲歌賦以遺春申君。春申君恨。復固謝孫卿。孫卿乃行。復爲蘭陵令。春申君死而孫卿廢。……李斯嘗爲弟子。已而相秦。及韓非浮丘伯皆受業爲名儒。孫卿之應聘於諸侯。見秦昭王。昭王方喜戰伐。而孫卿以三王之法說之。及秦相應侯。皆不能用也。至趙。與孫臏議兵趙孝成王前。孫臏爲變詐之兵。孫卿以王兵難之。不能對也。卒不能用。孫卿道守禮義。行應繩墨。安貧賤。孟子者。亦大儒。以爲人之性善。孫卿後孟子百餘年。孫卿以爲人之性惡。故作性惡一篇以非孟子。……

應劭風俗通窮通篇。

……孫卿有秀才。年十五始來游學。……（餘略同劉向敍錄）

戰國策楚策。

……孫子去而之趙。趙以爲上卿。春申君使請孫子。孫子爲書謝之曰。鄙語曰「厲憐王。……」此爲劫殺死亡之主言之也。……

桓寬鹽鐵論論儒篇。

齊湣王奮二世之餘烈。南舉楚淮。北幷巨宋。……矜功不休。……諸儒諫不從。各分散。……而孫卿適楚。內無良臣。故諸侯伐之。

鹽鐵論毀學篇。

李斯之相秦也。始皇任之。人臣無二。然而郇卿爲之不食。覩其罹不測之禍也。

韓非子難四篇。

燕王噲賢子之而非荀卿。故身死爲僇。

本書儒效篇。

秦昭王問孫卿子曰。……

本書議兵篇。

臨武君與孫卿子議兵於趙孝成王前。……

本書强國篇。

應侯問孫卿子曰。入秦何見。……

荀卿子說齊相曰。……處勝人之勢。不以勝人之道。索爲匹夫不可得也。……今巨楚縣吾前。大燕鰌吾後。勁魏鉤吾右。……是一國作謀。則三國必起而乘我。……

羣書所記載荀卿事蹟。略盡於此。其中年歲最明顯者。則西紀前二五五年——即楚考烈王八年。荀卿仕楚爲蘭陵令。此事史文紀載詳確。宜據爲荀卿傳蹟之中心。雖然。若依韓非子所說。則荀卿及見燕王噲。噲在位九年。當西紀前三二〇至三一二年。下距考烈王八年。凡六十餘年。依鹽鐵論所說。則荀卿及見李斯相秦。斯相秦在秦始皇三十四年。當西紀前二一三年。上距考烈王八年。凡四十一年。前後相去已百餘年。若如後人所解史記本傳及劉向敍錄之文則荀卿當齊威宣時年五十來游學齊威王在位三十年自前三七八至三四三宣王在位十九年自前三四二至三二四即以宣王末年卿年五十計則至李斯相秦時荀卿當百六十一歲天下安有此情理且劉向言「孫卿後孟子百餘年」若卿及見齊宣王燕王噲則與孟子並世矣故韓非子之說當然不可信（此又關涉韓非眞僞問題當別論之）而史記及劉向之文亦當子細紬繹別下解釋彼文記齊威宣間稷下列大夫之事乃是追敍並非謂荀卿及見威宣故史記云「田駢之屬皆已死」宣王後爲湣王凡四十年湣王後爲襄王凡十九年荀卿游齊蓋在湣王末年旋因進諫不用遂去齊適楚及襄王時再游齊則年輩已尊三爲祭酒也然自湣王最末一年下至秦始皇三十四年亦已七十一年若荀卿其時年五十則亦必百二十餘歲始能見李斯之相其說仍不可通「年五十」之文風俗通作「年十五」似較近眞今本史記及劉向敍或傳寫之譌耳荀卿及見李斯相秦與否亦一問題鹽鐵論云云或因李斯述荀卿「物禁太盛」一語而增益附會之未可知也要之齊湣王末年荀卿年當在二十前後李斯爲相時卿存沒雖難確攷然斯之貴盛則卿尙及見似此推定則卿年壽蓋八九十歲雖不中當不遠矣今略依此設爲假定譜荀卿年歷如下

前二九三（齊湣王三十一年）假定是年荀卿年十五始游學於齊

前二八六（齊湣王三十八年）是年齊滅宋

前二八五（齊湣王三十九年）荀卿有說齊相書見本書彊國篇說既不行遂去齊適楚鹽鐵論論儒篇所言即指是年事知說齊相書在是年者因書中敍四鄰強國舉楚燕魏而不及宋知在滅宋後矣時齊君相方「矜功不休」而荀卿已料「一國作謀三國起乘」齊人不能聽卿遂去之明年而五國伐齊湣王爲僇矣

前二八四至二六八（齊襄王元年至十七年）荀卿復游齊三爲祭酒當在此十餘年間

前二六七（齊襄王十八年）（秦昭王四十一年）是年秦以范雎爲相。號爲應侯本書儒效篇與秦昭王問答。彊國篇與應侯問答。皆當在本年以後。

前二六六（趙孝成王王元年）本書議兵篇與孝成王及臨武君問答。當在本年以後。臨武君姓名無攷敍鉤指爲孫臏恐非是其年代不相及也

前二六二（楚考烈王元年）是年春申君相楚。

前二五五（楚考烈王八年）假定是年荀卿五十三歲。是年春申君以卿爲蘭陵令。列傳言『齊人或讒孫卿，孫卿乃適楚』去齊適楚之年難確攷要當在本年以前也『戰國策又言春申君客讒孫卿卿去楚適趙趙以爲上卿』事當在本年以後其見秦昭王及趙孝成王疑皆在蘭陵令去職之後

前二四六（秦始皇元年）史記李斯列傳言『斯辭荀卿入秦。會莊襄王卒』事當在此一兩年間。

前二三六（秦始皇十一年）（楚考烈王二十五年）是年李園殺春申君荀卿遂廢居蘭陵。假定是年荀卿七十二歲。據戰國策及劉向敍錄荀卿似嘗兩度爲蘭陵令其第二次任職當在本年之前數年間

前二一三（秦始皇三十四年）是年李斯相秦。是年荀卿若尚生存。則假定爲九十五歲。

關於荀卿年代行歷之參攷書。以下各篇王先謙荀子集解彙錄於卷首可參看

宋唐仲友荀子序

宋晁公武郡齋讀書志子部儒家類荀子條。

宋王應麟漢書藝文志攷證荀子條。

四庫全書總目子部儒家類荀子條。

清汪中述學荀卿子通論附年表

清胡元儀郇卿別傳附考異

荀子書之著作及其編次

本書劉向敍錄云『孫卿卒不用於世老於蘭陵疾濁世之政亡國亂君相屬不遂大道而營乎巫祝信禨祥鄙儒小拘如莊周等又滑稽亂俗於是推儒墨道德之行事興壞序列著數萬言而卒』是以荀子書爲荀卿所手著也今案讀全書其中大部分固可推定爲卿自著然如儒效篇議兵篇彊國篇皆稱「孫卿子」似出門弟子記錄內中如堯問篇末一段純屬批評荀子之語其爲他人所述尤爲顯然又大略以下六篇楊倞已指爲荀卿弟子所記卿語及雜錄傳記然則非全書悉出卿手蓋甚明

荀子書初由漢劉向校錄名孫卿新書漢書藝文志著錄名孫卿子（顏注云『本曰荀卿避宣帝諱故曰孫』）唐楊倞爲作注省稱荀子今遂爲通名劉向敍錄云『所校讎中孫卿書凡三百二十二篇以相校除復重二百九十篇定著三十二篇』言中祕所藏孫卿之書共三百二十二篇實三十二篇餘皆重複之篇也漢書藝文志作三十三篇王應麟謂傳寫之訛殆然隋書經籍志作十二卷舊唐志同今本二十卷乃楊倞所析編次亦頗易其舊倞自序云『以文字繁多故分舊十二卷三十二篇爲二十卷其篇第亦頗有移易使以類相從』今將新舊篇第列表對照如下

（劉向本）	（楊倞本）
勸學篇第一	同
修身篇第二	同

不苟篇第三	同
榮辱篇第四	同
非相篇第五	同
非十二子篇第六	同
仲尼篇第七	同
成相篇第八	第二十五
儒效篇第九	第八
王制篇第十	第九
富國篇第十一	第十
王霸篇第十二	第十一
君道篇第十三	第十二
臣道篇第十四	等十三
致仕篇第十五	第十四
議兵篇第十六	第十五
强國篇第十七	第十六
天論篇第十八	第十七

正論篇第十九	第十八
樂論篇第二十	同
解蔽篇第二十一	同
正名篇第二十二	同
禮論篇第二十三	第十九
宥坐篇第二十四	第二十八
子道篇第二十五	第二十九
性惡篇第二十六	第二十三
法行篇第二十七	第三十
哀公篇第二十八	第三十一
大略篇第二十九	第二十七
堯問篇第三十	第三十二
君子篇第三十一	第二十四
賦篇第三十二	第二十六

楊倞所改編是否愜當。另爲一問題。但劉向舊本。亦不過就中祕所藏三百餘篇之叢稿訂譌芟複。從新編次。原非必荀卿時之舊。故改編亦不必指爲桼古也。汪容甫荀卿子通論謂「其書始於勸學終於堯問篇次實仿論語」恐是附會

但劉向本篇第。是否卽向之舊。似仍有問題。漢書藝文志儒家載『孫卿子三十三篇。』而賦家復載『孫卿賦十篇。』知劉向裒定七略時。兩書本各自別行。乃今本則賦篇卽在三十二篇中。而其賦又僅五首。頗難索解。今案成相篇純屬韻文文學。其格調絕類今之鼓兒詞。亦賦之流。漢志雜賦十二家別有成相雜辭十一篇。知古代本有此體。而作者非獨荀卿矣。本書成相篇亦以五首組成。故知漢志所謂『賦十篇』者。實卽本書成相篇賦篇之各五首也。（此說采自胡元儀但胡謂合此二篇卽成相雜辭之十一篇而謂漢志『孫卿賦十篇』之文爲脫去「一」字則誤也）以此論之。則所謂「孫卿子」者。當除此兩篇外別有三十二篇。今乃合此兩篇共成三十二篇。不已缺其二耶。案本書大略篇首『大略君人者隆禮尊賢而王。……』「大略」二字與下文不相屬。明是標題。（楊倞注已言之）而儒效篇篇末一段云『人論志不免於曲私。……』「人論」二字不與下連。王制篇篇中一段云『序官宰爵知賓客。……』「序官」二字與下不連。體例正如大略篇。是「人論」「序官」本爲兩篇名。略可推見。（王念孫謂『論當讀爲倫』未免求之太深「人論」爲一篇名正如書中天論禮論樂論諸篇耳）然則後此何故失此二目而將四篇併爲兩篇耶。當緣有傳鈔者以「孫卿子」與「孫卿賦」合爲一書。將賦十篇（並成相言）附於末。二度傳鈔者。不解「成相」之義。見其文與「非相」相近。遂提前置諸第八篇。三度傳鈔者覺增此二篇與「三十二篇」之數不符。而當時各篇名或皆如大略篇之僅著於篇首。並未提行另寫。鈔者失察。遂合四爲二。謂符原數。信如是也。則仲尼篇第七之下。宜次以儒效篇第八。人論篇第九。王制篇第十。序官篇第十一。其富國王霸至堯問君子諸篇以次從第十二遞推至三十二。而成相賦兩篇則別爲「孫卿賦。」而不以入荀子。庶幾還中壘校錄之舊觀矣。此問題前此絕未嘗有人提起。吾所推論。亦別無旁證。姑懸之以竢好事者疏證云爾。

大小戴兩禮記。文多與荀子相同。今互舉其篇名如下。

禮記	荀子
小戴三年問篇	荀子禮論篇
大戴禮三本篇	荀子禮論篇
小戴樂記篇	荀子樂論篇
小戴鄉飲酒義篇	荀子樂論篇
小戴聘義篇	荀子法行篇
大戴勸學篇	荀子勸學篇
大戴曾子立事篇	荀子修身篇、荀子大略篇

凡此皆當認爲禮記采荀子。不能謂荀子襲禮記。蓋禮記本漢儒所裒集之叢編。雜采諸各家著述耳。然因此可推見兩戴記中其摭拾荀卿緒論而不著其名者。或尙不少。而荀子書中亦難保無荀卿以外之著作攙入。蓋荀子書亦由漢儒各自傳寫。諸本共得三百餘篇。未必本本從同。劉向將諸本冶爲一爐。但刪其重複。其曾否懸何種標準以鑑別眞僞。則向所未言也。楊倞將大略宥坐子道法行哀公堯問六篇降附於末。似有特識。宥坐以下五篇文義膚淺。大略篇雖間有精語。然皆斷片。故此六篇宜認爲漢儒所雜錄。非荀子之舊。其餘二十六篇有無竄亂或缺損。則尙待細勘也。

荀子學術梗概及書中最重要之諸篇

荀子與孟子。爲儒家兩大師。雖謂儒家學派得二子然後

成立亦不爲過然荀子之學自有其門庭堂奧不特與孟子異撰且其學有並非孔子所能賅者今舉其要點如下

第一　荀子之最大特色在其性惡論性惡論之旨趣在不認人類爲天賦本能所支配而極尊重後起的人爲故其教曰『化性起僞』僞字从人从爲卽人爲之義

第二　惟其如是故深信學問萬能其教曰「習」曰「積」謂習與積之結果能使人盡變其舊前後若兩人若爲向上的習積則『積善成德而聖心備』是卽全人格之實現也後世有提倡「一超直入」之法門者與「積」之義相反最爲荀子所不取

第三　學問如何然後能得荀子以爲全視其所受教育何如故主張『隆師』而與孟子『雖無文王猶興』之說異

第四　名師或不獲親接則求諸古籍故荀子以傳經爲業漢代諸經傳受幾無一不自彼出（說詳汪容甫荀卿子通論）而其守師法皆極嚴

第五　既重習而不重性則不問遺傳而專問環境環境之改善荀子以爲其工具在『文理』——文物與條理文理之結晶體謂之「禮」故其言政治言教育皆以禮爲中心

第六　『禮時爲大』故主張法後王而不貴復古

第七　『禮』之表現在其名物度數荀子既尊禮學故常教人對於心物兩界之現象爲極嚴正極綿密之客觀的考察其結果與近世所謂科學精神頗相近

以吾所見，荀子學術之全體大用，大略如是。蓋釐然成爲一系統的組織，而示學者以可尋之軌也。今將全書各篇重要之內容論次如下（次第依今本）。

勸學篇　上半篇（自「學不可以已」起至「安有不聞者乎」止）采入大戴禮記。大旨言性非本善，待學而後善。其要點在力言「假於物」之義，「漸積」之義，以明教育效能。其下半篇則雜論求學及應問方法。

修身篇　教人以矯正本性之方法，結論歸於隆禮而尊師。

不苟篇　教人審度事理，爲適宜之因應。

榮辱篇　論榮辱皆由人所自取，中多闡發性惡語。

非相篇　篇首一段闢相術之迷信，編錄者因取以爲篇名。內中有「法後王」一段，實荀卿學說特色之一。篇末論『談說之術』兩段亦其要。

非十二子篇　本篇批評當時各家學派之錯誤，並箴砭學風之闕失。內中所述各派，實爲古代學術史之重要史料。

仲尼篇　本篇多雜論，無甚精采。

儒效篇　大旨爲儒術辨護。內中有『隆性隆積』一段，爲性惡論之要語。

王制篇　以下五篇皆荀子政治論。本篇論社會原理，有極精語。

富國篇　本篇論生計原理，全部皆極精。末兩段言「非攻」及外交術，文義與全篇不甚相屬。

王霸篇　本篇言政術，多對當時立言。

君道篇．本篇論「人治」與「法治」之得失．有精語．

臣道篇致仕篇．此兩篇無甚精采．

議兵篇彊國篇．此兩篇承認當時社會上最流行之國家主義．而去其太甚．

天論篇．本篇批駁先天前定之說．主張以人力征服天行．是荀子哲學中極有力量的一部分．

正論篇．本篇雜取世俗之論批評而矯正之．全篇不甚有系統．惟末兩段批評宋銒最爲可貴．因宋銒學說不多見．得此可知其概也．

禮論篇．禮學爲荀子所最重．本篇自爲書中重要之篇．惟細繹全文．似是湊集而成．其第一段論禮之起原最精要．『禮有三本』以下．大戴禮記采錄爲禮三本篇．『三年之喪何也』以下．小戴禮記采錄爲三年問篇．

樂論篇．本篇一部分采入小戴禮記樂記篇．其論音樂原理及音樂與人生之關係．最精．但樂記所說．尤爲詳盡．未知是編小戴者將本篇補充耶．抑傳鈔本篇者有遺闕耶．

解蔽篇．本篇爲荀子心理學．其言精深而肅括．最當精讀．且應用之於修養．

正名篇．本篇爲荀子之邏輯學．條理綿密．讀之益人神智．（宜與春秋繁露深察名號篇同讀．）

性惡篇．本篇爲荀子哲學之出發點．最當精讀．

成相篇賦篇．此二篇爲荀子的美文．本不在本書之內．略瀏覽知文體之一種可耳．

君子篇大略篇宥坐篇子道篇法行篇哀公篇堯問篇．此七篇疑非荀子著作．不讀亦可．

讀荀子法

讀荀子有兩種目的第一爲修養應用第二爲學術的研究

爲修養應用起見讀荀子最能喚起吾輩之自治力常檢束自己不至鬆弛墮落又資質稍駑下之人讀之得「人定勝天」的信仰能增加其勇氣又其理論之剖析刻入處讀之能令思慮縝密遇事能斷是故讀孟子之益處在發揚志氣讀荀子之益處在鍛鍊心能二者不可偏廢爲此種目的而讀荀子宜將心賞之格言分類摘鈔——如有益於修身者有益於應事者有益於治學方法者——常常熟諷牢記隨時參證於己身庶幾荀子所謂『博學而日參己則知明而行無過矣』

爲學術的研究起見其目的在求了解荀子學術之全系統及其在學術史上之位置此種讀法宜特別注重數篇（最初讀勸學篇觀其大概次讀性惡篇觀其思想根核所在次讀解蔽正名天論三篇觀其所衍之條理次讀禮論樂論兩篇觀其應用於社會所操之工具如何次讀正論篇非十二子篇觀其對於異派之攻難及辯護如是則可以了解荀子之哲學及其教育次讀富國君道王制三篇則可以了解荀子之政治學及其政術更次則榮辱非相兩篇）間有極精之語但不名一類宜擷取爲補助以上諸篇極須精讀餘篇涉覽足矣

凡欲徹底了解一家學說最好標舉若干問題爲綱領將全書中關涉此問題之語句悉數鈔錄比較鉤稽以求其眞意之所存例如荀子之所謂性僞所謂積所謂習與化所謂名所謂禮所謂蔽……等等皆其主要問題也各篇皆有論及類鈔而比觀之始能得其全豹

凡立言總帶有幾分時代彩色故孟子貴『知人論世』荀子生今二千餘年前其言有專爲當時之社會而發者自當分別觀之不可盲從以責效於今日但亦不可以今日眼光繩之遂抹殺其在當日之價值也至於其學

說之含有永久性者——卽並非對於時代問題而發言者。則無論何時皆可以沓其嚴刻之評騭也。

荀子書多古訓。其語法亦多與近代文不同。且脫誤之字頗不少。故有時非藉注釋不能了解。舊注惟唐楊倞一家。前清乾嘉以降校釋者復數家。最先者爲謝墉盧文弨合校本。浙刻二十二子所采是也。次則郝懿行之荀子補注。王念孫之讀荀子雜志。俞樾之荀子平議。自有此諸書。而荀子始可讀矣。近人王先謙裒諸家所釋間下己意。爲荀子集解。現行荀子注釋書。無出其右。讀者宜置一本也。

韓非子

韓非行歷　有數十萬言著作之一學者。而其生平事蹟在作品中幾一無可考。如韓非者。可謂大奇。吾輩欲研究韓非爲人。乃不能不僅以史記老莊申韓列傳區區之資料自甘。傳云『韓非者。韓之諸公子也。喜刑名法術之學。而其歸本於黃老。……善著書。與李斯俱事荀卿。李斯自以爲不如非。見韓之削弱。數以書干韓王。韓王不能用。於是……作孤憤五蠹內外儲說林說難十餘萬言。人或傳其書至秦。秦王見孤憤五蠹之書曰「嗟乎寡人得見此人與遊。死不恨矣」。李斯曰『此韓非之所著書也』。秦因急攻韓。韓始不用非。及急。乃遣非使秦。秦王悅之。未信用。李斯姚賈害之秦王。……下吏治非。李斯使人遺非藥使自殺。……』案秦本紀六國表。非之使秦在始皇十四年。（韓世家言在安王五年。則當爲始皇十三年。當以紀表爲是。）其被害當在此一兩年間。則非之卒。蓋當西紀前二三三年或二三二年。生年則無可考矣。其著書蓋在使秦以前。司馬遷報任安書有『韓非囚秦說難孤憤』語。與本傳矛盾。恐不足信。計非自下吏至自殺爲時必甚暫。豈有餘裕成此巨著耶。（遷書所云『文王幽而演周易。仲尼阨而作春秋。屈原放逐乃賦離騷。左丘失明厥有國語孫子臏腳兵法修列不韋遷蜀世傳呂覽韓非囚秦說難孤憤詩三百篇大抵聖賢發憤之所爲作也』除左丘孫臏事未有明確反證外其餘六事幾無一不與事實相違且反證卽大半可從史記中覓出亦一奇也因論韓非輒附及之吾儕在本書中雖不能多得韓非事蹟。然其性格則可想見。彼蓋一極倔强之人。確守其所信而不肯自枉以蘄合於流俗。彼固預知其不能免於世禍。然終亦不求自免。其遇可哀。而其志可敬也。

韓非子書中疑僞之諸篇　漢書藝文志。『韓子五十五篇。』隋書經籍志。『韓子二十卷。』今本篇數並同。故學者率以爲今本卽漢隋兩志原本。且謂全書皆韓非手撰。然隋唐間類書所引韓子佚文不下百餘條。看王先愼韓非子集解卷首則今本之非其舊可知。諸篇中亦有可確證或推定其非出非手著者。如

初見秦篇。此篇爲張儀說秦惠王之詞。明見於戰國策。吳師道顧廣圻輩乃據本書而指國策爲誤。可謂無識。篇中言『天下陰燕陽魏連荆固齊收韓而成縱將西面以與秦爲難』此明是蘇秦合縱時形勢。若至韓非時。他國且勿論。如彼韓者則存韓篇明云『韓事秦三十餘年……入貢職與郡縣無異』豈復有『與秦爲難』之勇氣耶。

存韓篇。此篇前半當是非使秦時所上書。惟後半自『詔以韓客之所上書書言韓之未可舉下臣斯』以下備載李斯駁論及秦韓交涉事蹟。明是當時秦史官或李斯徒黨所記錄。決非出非手。

有度篇。言『荆齊燕魏今皆亡國』明是秦始皇二十六年後人語。距非之死逾十年矣。

以上三篇皆從文句上得有反證。可決其不出非手。既有三篇不可信。則餘篇亦豈遽能盡信。大抵漢初搜羅遺書。以多爲貴。「買菜求添」恆所不免。而傳鈔纂錄者又非皆有鑑別之識。故所傳諸子書不被竄亂者蓋尠。不獨韓非爲然矣。

太史公述韓非書．標舉孤憤五蠹內外儲說林說難爲代表．則此諸篇當爲最可信之作品．（最少亦太史公認爲最可信）吾儕試以此諸篇爲基礎．從文體上及根本思想上研究．以衡量餘篇．則其孰爲近眞．孰爲疑僞．亦有可言者．以文體論．孤憤五蠹等篇之文．皆緊峭深刻．廉勁而銳達．無一枝辭．反之若主道有度二柄揚搉八姦十過等篇．頗有膚廓語．主道揚搉多用韵．（孤憤等篇絕無此體）文體酷肖淮南子．二柄八姦十過等．頗類管子中之一部分．（管子多屬戰國秦漢間作品別詳彼書解題）忠孝人主飭令心度制分諸篇亦然．以根本思想論．太史公謂『韓子引繩墨切事情明是非』．蓋韓非爲最嚴正的法治主義者．爲最綜覈的名學家．與當時似是而非的法家言——如主張用術主張用勢等．——皆有別．書中餘篇．（如前所列各篇多半是）或多摭拾法家常談．而本意與孤憤五蠹等篇不無相戾．此是否出一人手．不能無疑．

要之今本韓非子五十五篇．除首兩篇外．謂全部爲法家言淵海則可．謂全部皆韓非作．尙待商量．但吾儕當未能得有絕對反證以前．亦不敢武斷某篇之必爲僞．姑提出一二標準．備自己及同志者之賡續研究耳．

韓非子中最重要之諸篇

欲知韓非學說之眞際．宜先讀以下各篇．

五蠹篇．　從社會起原及社會組織古今變遷之實況說起．以證明法治主義之合理．頗肖唯物史觀派口吻．

顯學篇．　對於當時儒墨兩大派作正面攻擊．使法家言成立．（此篇尤以攻擊儒家爲最烈別有問田篇與墨家鉅子田鳩辨難）

定法篇．　當時法家共宗商鞅申不害．此篇批評其不徹底之點．以成韓子之「新法家學說」

難勢篇．　專駁愼到之勢治主義．愼到蓋由道家過渡到法家之一派也．

問辯篇。攻擊惠施公孫龍一派之名家言。謂其詭辯而無功用。

孤憤篇。此篇言純正法家言與社會不相容之故。最能表示著者反抗時代的精神。

說難篇。從心理方面研究發言之方法及效率。淵淵入微。

次要諸篇

六反篇。八說篇。八經篇。此三篇皆反覆證成己說。中多精語。

內外儲說共六篇。此六篇體裁頗奇。每篇首一段名爲「經」。標舉所陳之義而證以實例。實例各以一句櫽括爲目。其下則爲傳。（但無傳名）詳述其所引實例之始末。所引實例含有小說的性質者較多。

說林上下篇。似是預備作內外儲說之資料。

難一難二難三難四四篇。專對於不合理的事實或學說而下批評。多精覈語。後此王充論衡正學其體。

解老篇。喻老篇。專訓釋老子。蓋韓非哲學根本思想『歸於黃老』也。解老篇精語尤多。爲治老子者首應讀之書。

難言篇。愛臣篇。飾邪篇。蓋非早年上韓王之書。多對於時事發言。

韓非子校釋書及其讀法

韓非子舊有尹知章注。見唐書藝文志。久佚。今本注不知出誰氏。元何犿稱舊有李瓚注。或卽其人。其年代亦無考。此書間有艱深之文句。非注不解。且多譌舛。非校不明。今注蕪淺。殊不足副讀者之望。清儒盧文弨顧廣圻王念孫俞樾孫詒讓先後有所校釋。而王先愼采葺之。作韓非子集解。現在釋韓非之書。無出其右矣。然盧王諸家對是書用力。似不如他書之勤。故遺義尙不少。王先愼學識亦凡近。罕所發明。故此書之整理。尙有望於後起也。

韓非爲先秦諸子之殿。親受業荀卿。洞悉儒家癥結。『其歸本於黃老』。覽道家之精。與田鳩遊。通墨家之郵。又汎濫於申商施龍。而悉抉其藩。以自成一家言。以極緻密深刻之頭腦。生諸大師之後。審處而斷制之。其所成就之能大過人。則亦時代使然也。故其書與老墨莊孟荀同爲不可不讀之書。不必專門學者也。一般人皆然

讀韓非子。宜略依前列各篇之次第讀之。先明其根本思想所在。管子商君書等。多由韓非並時人或後人摭拾而成。可作本書附屬品讀。

欲知韓非思想之淵源。則胡適中國哲學史大綱及吾所著先秦政治思想史皆可參看。但切勿爲其所囿。韓學研究。今尙幼稚。可闢之殖民地甚多也。

韓非子文章價値。唐宋以來文人多能言之。其文最長處在壁壘森嚴。能自立於不敗之地。以摧敵鋒。非深於名學者不能幾也。故在今日尤宜學之。內外儲說等篇。在「純文學上」亦有價値。

左傳　國語

左傳之來歷　左傳。舉全稱則春秋左氏傳。漢書藝文志『春秋古經十二篇。左氏傳三十卷。』原注云『左丘明魯太史。』左傳著錄始此。志所錄。劉歆七略文云『仲尼……以魯……史官有法。故與左丘明觀其史記……有所褒諱貶損。不可書見。口授弟子。弟子退而異言。丘明恐弟子各安其意。以失其眞。故論本事而作傳。明夫子不以空言說經也。』前乎此者。則史記十二諸侯年表云『孔子……西觀周室。論史記舊聞。興於魯而

次春秋．……七十子之徒．口受其傳指．爲有所刺譏褒諱挹損之文辭．不可以書見也．魯君子左丘明．懼弟子人人異端．各安其意失其眞．故因孔子史記．具論其語．成左氏春秋．」據此．則左傳爲注釋孔子之春秋而作．與春秋同時先後成書．似甚明．

雖然．考漢代對於左傳傳習經過之事實．則不能無疑．蓋西漢一代經師．似未嘗以此書爲與春秋經有何等關係．起而張之者．實自劉歆始．漢書歆傳云．『歆校中祕書．見古文春秋左氏傳．大好之．……初左氏傳多古字古言．學者傳訓故而已．及歆治左氏．引傳文以解經．轉相發明．……歆以爲左丘明好惡與聖人同．親見夫子．而公羊穀梁在七十子後．傳聞之與親見之．其詳略不同．……及歆親近欲建立左氏春秋及毛詩．逸禮．古文尙書．皆列於學官．……諸博士或不肯置對．歆因移書太常博士．責讓之曰．「……春秋左氏．丘明所修．……藏於祕府．伏而未發．……綴學之士．不思廢絕之闕．……信口說而背傳記．是末師而非往古．……猶欲抱殘守缺．挾恐見破之私意．而無從善服義之公心．……以尙書爲備．謂左氏爲不傳春秋．豈不哀哉．……」其言甚切．諸儒皆怨恨．是時名儒光祿大夫龔勝．以歆移書．上書深自罪責．願乞骸骨罷．及儒者師丹爲大司空．亦大怒．奏歆改亂舊章．……』據本傳所記．吾儕可以得下列各項事實．（一）左傳『藏於祕府．』外人罕得見．歆校中祕書乃見之．（二）『引傳文以解經．』自歆始．前此無有．（三）諸博士皆謂『左氏爲不傳春秋．』（四）歆以全力爭立此書於學官．至於激動公憤．

左氏不傳春秋　既有此類事實．吾輩對於左傳．當然不能不引起懷疑．第一．左傳全書眞僞問題．第二．左傳對於春秋有無關係之問題．第一問題極易解決．因書中皆記春秋時代實事．斷非後人所能全部揑造．且史記徵引其文甚多．司馬遷已見其書．可見非西漢末年始有．故今所當討論者．惟在第二問題．

對於此問題之解答．吾輩蓋左袒漢博士『左氏不傳春秋』之說．案左氏釋經之文有不可解者四端．

一．無經之傳　例如隱五年『曲沃莊伯伐翼……翼侯奔隨』．經本無關於此事之文．何以有傳．夫傳以釋經．既無經．可謂傳乎．

二．有經而不釋經之傳．凡傳以釋經義．非述其事也．例如隱五年『九月初獻六羽』．公羊傳曰．『何以書．譏始僭諸公也』．是釋其義也．左傳但述羽數．此與經同述一義耳．豈似傳體．

三．釋不書於經之傳．例如隱元年『五月費伯帥師城郎．不書．非公命也』．夫釋經而釋不書於經者．則傳書者不當釋黃帝何以無典．吳楚何以無風乎．

四．釋經而顯違經意之傳．例如隱三年書『尹氏卒』．公羊傳云．『譏世卿』．爲昭二十三年『尹氏立王子朝』張本也．此孔子反對貴族政體之大義．書中蓋屢見．左氏改「尹」爲「君」．謂爲隱公之母．凡以避世卿之譏．袒庇王氏而已．

要之孔子之春秋．孟子所謂『其事則齊桓晉文．其文則史．其義則丘竊取之矣』．董生所謂『文成數萬．其指數千．萬物聚散．皆在春秋』．蓋每條皆必有所謂「義」所謂「指」者存焉．若如左氏所釋．則全書皆魯史官之舊．而孔子僅得比於一鈔胥．此何爲者．故左氏自左氏．春秋自春秋．「引傳解經」．實劉歆作僞耳．

左氏春秋與國語　然則左氏原書當何如．史記太史公自序云．『左丘失明．厥有國語』．五帝本紀云．『觀春秋國語』．似司馬遷所見而據爲資料者．只有一部國語．而史記各篇引今本左傳文甚多．引今本國語文甚少因此惹起一問題司馬遷所見國語是否卽爲今本國語史記所引左傳諸文是否包含在遷所見國語之中質言之則左傳國語是一是二之問題也韋昭國語解敍云『左丘明……復采錄前世穆王以來下訖魯悼智伯之誅……以爲國語其文不主於經故號曰外傳』此東漢人之說蓋起自左傳盛行之後號曰「外傳」對左氏之爲內傳言也然今本國語則大怪論其年代固以春秋爲中堅與春秋一書時代略相函然其中述隱元年至哀十四年二百四十年間事反極少將極主要之部分概從闕略再反觀今本左傳亦大怪旣云釋春秋自當以隱元年至哀十四年爲起訖之大限乃發端記『惠公元妃孟子……』事已在隱前猶可曰爲隱公攝位直接張本不得不追述也至如桓二年『晉穆侯夫人姜氏以條之役生太子……』一篇所記事遠在春秋前數十年經中亦絕無關於此事之文釋經而縷縷道此果何爲者全書最末一篇記悼四年智伯之滅又遠在獲麟後數十年與孔子的春秋有何關係釋經而縷縷道此又何爲者是故今本國語與今本左傳若析而爲二則兩書皆可謂自亂其例不足以列於著作之林若合而爲一則西周末東周初三百餘年間一良史也其書則本名國語或亦稱左氏春秋「左氏春秋」者猶晏子春秋呂氏春秋純爲一獨立之著述與孔子之春秋絕無主從的關係也其由「左氏春秋……」而變成「春秋左氏傳」則自劉歆之引傳解經始也以上所推測若不謬則所得結論爲左列數項

一、國語卽左氏春秋並非二書

二、其書分國爲紀並非編年

三、劉歆將魯惠隱閒迄哀悼閒之一部分抽出改爲編年體取以與孔子所作春秋年限相比附謂之春秋左氏傳其餘無可比附者剔出仍其舊名及舊體例謂之國語。

四、凡今本左傳釋經之文皆非原書所有皆劉歆「引傳釋經」之結果內中有『君子曰』云云者亦同。

五、其餘全書中經劉歆竄入者當不少。

關於考證左傳眞僞之參考書。

劉逢祿　左傳春秋考證

康有爲　新學僞經考　關於左傳之部

崔　適　史記探原　關於左傳之都

左傳國語之著作者年代及其史的價值

攷證至此則此書之著作者及其年代將皆成問題。依史記十二諸侯年表及漢書藝文志則著者性左名丘明。志謂爲孔子弟子表謂爲魯之君子然太史公自序云『左丘失明厥有國語』則其人名丘非名丘明也且既爲孔子弟子則仲尼弟子列傳何故遺之因此則十二諸侯年表有無經後人竄亂且成問題。（崔適直指爲竄亂——說詳史記探原卷四頁二）謂爲「孔子弟子左丘明」者作僞者因論語有『左丘明恥之丘亦恥之』之語因影射之謂『好惡與聖人同』耳其書既『不傳春秋』則所謂『與孔子觀史記』云云皆屬虛構而其人殆不名丘明但此屬小節且勿論究竟左氏其人者何時人耶左傳國語皆述晉滅智伯事國語述越滅吳事事皆在孔子卒後二十餘年則其成書最早亦後於孔子作春秋約三十年矣。尤足怪者「臘」爲秦節「庶長」爲秦爵而此兩名乃見於左傳且「庶長」者商鞅所設之武功爵也而作者道之得毋其成書乃在商鞅相秦後耶記陳敬仲事曰『八世之後莫之與京』記季札適魯聽樂曰『鄭其先亡乎』適晉說趙文子韓宣子魏獻子曰『晉國其萃於三族乎』左氏好語神怪種種「浮夸」之詞（用韓愈評語）本數見不鮮然當敬仲初亡命於齊時而決言其八世之後必篡齊當鄭七卿輯睦時而決言其必先亡當晉范中行全盛時而決言其必萃於韓趙魏預言脗合至此寧復情理以常識判之則謂其書成於田氏伐齊三家分晉韓滅鄭以後殆不爲過故先輩或以左傳爲戰國初期作品上距孔子卒百年前後吾頗信之

右所指摘者皆非關後人竄亂實原書固有之瑕纇也浮夸如此然則其所記述尙有史的價值否耶換言之則吾輩應認此書爲信史否耶平心而論歷史間雜神話良爲古代任何民族之所不能免左傳在許多中外古史中比較的已算簡潔所記之事經作者剪裁潤色帶幾分文學的（寓言的）色彩者固所在而有然大部分蓋本諸當時史官之實錄試將前半部與後半部比較其文體不同之處尙可以看出知其所據原料多屬各時代舊文故時代精神能於字裏行間到處表現也要之國語左傳實二千年前最可寶貴之史料不容以小疵掩其大醇也

讀左傳法之一

我國現存史籍若以近世史的觀念讀之固無一能盡如人意但吾儕試思西歷紀元前四五百年之史部著作全世界能有幾何左傳一書無論其原本爲分國紀載或編年紀載要之不失爲一種有系統有別裁的作品在全人類歷史學界爲一先進者故吾儕以世界的眼光觀察已認此書爲有精讀的必要若專就本國文獻論則我族文化實至春秋時代始漸成熟其位置恰如個人之甫達成年後此歷史上各方面文物之演進其淵源皆溯諸春秋故吾以爲欲斷代的研究國史當以春秋時代爲出發點若侈談三代以前則易爲神話所亂失史家嚴正態度若僅注重秦漢以後則中國國民性之根核社會組織變遷之脈絡等將皆無

從理解。故吾常謂治國史者。以淸代史爲最要。次則春秋戰國。戰國苦無良史。（戰國策文學臭味太濃非嚴格的史）而春秋時代幸有一左傳。吾儕宜如何珍惜而寶習也。

左傳一書。內容極豐富極複雜。作史料讀之。可謂最有價值而且有趣味。在文獻學上任何方面。皆可以於本書中得若干資料以爲研究基礎。蓋此書性質雖屬政治史。然對於社會情狀常能爲攝影的記述。試以資治通鑑比之。當感通鑑純爲政治的。而左傳實兼爲社會的也。所以能如此者。固由左氏史識特高。抑亦歷史本身使然。其一。春秋時代各地方皆在較狹的區域內分化發展。政治上乃至文化上並無超越的中心點。故其史體與後來之專以京師政局作主腦者有異。其二。彼時代之社會組織純爲階級的。一切文化皆貴族階級之產物。貴族階級雖非多數的。然究竟已爲複數的。故其史體與後來之專爲皇帝一人作起居注者有異。左傳所敍述之對象。——史的實質如此。此其所以在古史中能有其特殊之價値也。

古今治左傳者多矣。以研究方法論。吾以爲莫良於顧棟高之春秋大事表。彼書蓋先定出若干門類爲自己研究範圍。然後將全部書拆散。擷取各部分資料以供自己駕馭。記曰。『屬辭比事春秋之敎。』顧書眞能善屬而善比者。吾以爲凡讀史皆當用此法。不獨左傳也。但吾對於此書稍覺不滿者有三端。第一。嫌其體裁專限於表。用表法誠極善。顧書各表慘淡經營令人心折者誠極多。但仍有許多資料非用表的形式所能整理者。顧氏以「表」名其書。自不容不以能表者爲限。吾儕賡續研治。則須廣其意以盡其用也。第二。嫌其所表偏於政治。左傳本屬政治史。多表政治。固所當然。然政治以外之事項可表者正自不少。是宜有以補之。第三。嫌其多表釋經語。『左氏不傳春秋。』爲吾儕所確信。今對於劉歆引傳釋經之語。研究其義例。非惟枉費精力。抑亦使春秋之

旨愈荒也此三端吾以爲對於顧著宜修正或增益者但其方法則吾無間然願學者循其矩而神而明之也

馬驌左傳事緯高士奇左傳記事本末皆仿袁樞治通鑑之例以一事之起訖編年此亦讀左氏之一法惟其所分之事或失諸細碎而大者反割裂遺漏學者如能用其法而以己之律令斷制之所得或較多也

吾儕今日治左傳最好以社會學者的眼光治之不斤斤於一國一事件之興亡得失而多注意於當時全社會共同現象例如當時貴族階級如何受教育法所受者爲何種教育當時貴族政治之合議組織如何其政權授受程序如何當時地方行政狀況如何當時國際交涉之法例如何當時財產所有權及其承襲與後來之異同奚若當時婚姻制度與後來之異同奚若當時人對於自然界災變作何等觀念當時可稱爲宗教者有多少種類其性質何如……如此之類隨時特拈出所欲研究之問題通全書以搜索資料資料略集乃比次而論斷之所研究積數十題則一時代之社會遺影略可覩矣

吾儕研究史料往往有須於無文字中求之者例如（一）春秋時代是否已行用金屬貨幣（二）春　時代是否有井田（三）春秋時代是否用鐵器（四）春秋時代曾否有不行貴族政治之國家……諸如此類留心研索亦可以拈出若干題若其可作反證之資料甚缺乏乃至絕無則否定之斷案或遂可成立此亦治古史之一妙用也

以上所述皆史學家應採之通法無論讀何史皆可用之不獨左傳但左傳既爲最古之史且內容甚豐取材較易先從彼著手最可引起趣味也

讀左傳法之二　左傳自宋以來列於五經形成國民常識之一部故雖非專門史學家亦當一讀其中嘉

言懿行，有益修養及應世之務者不少，宜闇記或鈔錄之。

左傳文章優美，其記事文，對於極複雜之事項——如五大戰役等，綱領提絜得極嚴謹而分明，情節敍述得極委曲而簡潔，可謂極技術之能事。其記言文，淵懿美茂，而生氣勃勃，後此亦殆未有其比。又其文雖時代甚古，然無佶屈聱牙之病，頗易誦習。故事以學文爲目的，左傳亦應在精讀之列也。

詩經

詩經之年代　詩經爲古籍中最純粹可信之書，絕不發生眞僞問題，故但考其年代已足。

孟子云：「王者之迹熄而詩亡，詩亡然後春秋作。」未述詩之起原，而惟概指其終局，似論三百篇皆春秋前作品也。今案各篇年代，最古而有徵者，爲商頌五篇。國語云：「正考父校商之名頌十二篇於周大師，以那爲首。」鄭司農云：「自考父至孔子，又亡其七篇。」後世說詩者，或以今商頌爲考父作，此誤讀國語耳。此五篇乃至十二篇者，殆商代郊祀樂章，春秋時宋國沿用之，故得傳於後，猶漢魏郊祀樂府，至今雖失其調，而猶存其文也。其次則豳風之七月一篇，後世注家謂周公述后稷公劉之德而作，然羌無實據。玩詩語　應爲周人自豳遷岐以前之民間作品。且篇首「七月流火，九月授衣」云云，所用爲夏正，故亦可推定爲夏時代作品（？）果爾，則三百篇中此爲最古，且現存一切文學作品中，亦此爲最古矣。其最晚者，如秦風之「我送舅氏，曰至渭陽」，相傳爲秦襄公送晉文公之詩；如陳風之「胡爲乎株林，從夏南」，相傳爲刺陳靈公暱夏姬之詩。果爾，則爲春秋中葉作品。然盡人皆可有舅，不必秦康；夏南爲夏姬雖極近似，亦無以證其必然。故詩訖何年，實難論定。惟魯頌閟宮篇『周公之孫莊公之子』其為魯僖公時作品更無可疑則三百篇中不乏春秋時作品蓋可推斷然國風有邶鄘唐魏皆春秋前舊國二雅有多篇可考定為周厲宣時事則假定全書諸篇以西周末東周初——約西紀前九百年至七百年——時人所作為中堅其間最古之若干篇約距今三千四五百年前最晚之若干篇約距今二千六七百年前（？）雖不中不甚遠矣

然則何故惟彼時代獨有詩——或詩獨盛耶其一社會文化漸臻成熟之後始能有優美的文藝作品出現『周監二代郁郁乎文』中國社會脫離僿野狀態實自周始周初猶屬啟蒙時代故可傳之作品尙少至東遷前後人文益進名作乃漸多又詩本為表情之具周初社會靜謐衝動情感之資料較少東遷前後亂離呻吟不期而全社會强烈之感情被蒸發焉此或亦多詩之一因也其二問者曰若爾則春秋中葉以後詩宜更多曷為反少此問題復可作兩種解答一文體本逐時代而變遷此類之詩盛行已數百年或春秋中葉以後漸為社會所厭倦不復有名作二「輶軒采詩」之制度傳記屢言吾儕應認為事實的存在三百篇之輯集成書殆由於此此事本為周代美政之一由王室行之春秋以降王室式微斯典乃廢雖有歌什莫為擷纂遂至淪逸孟子所謂『王迹熄而詩亡』也

孔子刪詩說不足信　史記孔子世家云『古者詩三千餘篇及至孔子去其重取可施於禮義上采契后稷中述殷周之盛至幽厲之缺三百五篇』此說若確則今本詩經實為孔子所手選如徐孝穆之選玉臺新詠王介甫之選唐百家詩然漢唐學者多不信此說孔穎達云『書傳所引之詩見在者多亡逸者少則孔子所錄不容十分去九遷言未可信也』謹案論語云『詩三百一言以蔽之……』又云『誦詩三百授之以政不

達……』此皆孔子之言而述詩篇數輒舉三百可見孔子素所誦習卽止此數而非其所自刪明矣左傳記吳季札適魯觀樂事在孔子前而所歌之風無出今十五國外者益可爲三百篇非定自孔子之明證且孔子如刪詩也則以何爲標準耶如後人所謂「貞淫」耶鄭衛言情之作具在未嘗刪也且如逸詩之見於傳記者如論語之『唐棣之華偏其反而豈不爾思室是遠而』如左傳之『雖有絲麻無棄菅蒯雖有姬姜無棄憔悴』『思我王度式如玉式如金形民之力而無醉飽之心』凡此之類何字何句悖於「禮義」而孔子乃刪之哉是故以吾儕所信則孔子決無刪詩之事今三百篇是否曾經一度有意識的編纂不可深考藉曰有之則編纂者或史官太師之屬不能確指爲誰要之春秋時士大夫所同諷誦者卽此三百餘篇縱有佚亡亦不過百之一二此則按諸故實而略可斷言者也

然則孔子之於詩經未嘗有所致力耶曰有之論語述孔子言曰『吾自衞反魯然後樂正雅頌各得其所』孔子世家曰『詩三百篇孔子皆弦而歌之以求合韶武雅頌之音』莊子曰『孔子誦詩三百歌詩三百弦詩三百舞詩三百』竊意前此之詩不皆能入樂或入樂而淪紊其譜孔子最嗜音樂最通音樂故反魯之後以樂理詔魯太師又取三百篇之譜闕者補入舛者訂之故云樂正而雅頌得所故云弦歌以求合韶武是故雅頌之文猶昔也失所得所則弦之歌之舞之而始見孔子正樂卽正詩也故樂無經以詩爲經「雅言詩書執禮」而無樂樂在詩中不可分也詩樂合體其或自孔子始也（看魏源古詩微編之三夫子正樂論）

詩序之僞妄

詩經之傳授在漢初則有魯齊韓三家立於學官而古文毛氏傳晚出東漢以後毛獨行而三家廢今官書題此書爲「毛詩」而村學究且有呼爲「毛經」者可嘆亦可笑也毛傳眞僞久成問題吾於

他書論今古文公案者已屢及之。今不再贅而其僞中出僞貽誤後學最甚者尤莫如所謂「詩序」。詩序今附毛傳以行。每篇之首。序說所以作此詩之意或並及作詩之人。首篇關雎之序特長。蓋千數百言。總論全書旨趣謂之大序。自餘各篇短者不及十言。較長者數十言。謂之小序。夫讀詩者恆欲知作詩之人與作詩之旨。此人情也。而詩三百篇一一求其人與其旨以實之。殆不可能。故孟子貴「以意逆志」。左傳稱「斷章取義」。申公之授魯詩。「無傳疑。疑者蓋闕不傳」。韓嬰作韓詩外傳。劉向作新序。皆實行逆志斷章之敎。西漢以前之說詩者類皆如此。今所謂詩序者。乃逐篇一一取其人與其旨鑿言之。若有所受焉。此所以爲學者所共樂習。二千年奉爲鴻寶以迄於茲也。

詩序誰所作耶。後漢書儒林傳述其來歷甚明。傳云。「謝曼卿善毛詩。乃爲其訓。衛宏從曼卿受學。因作毛詩序。善得風雅之旨。於今傳於世。」則序爲宏作。鐵案如山。寧復有疑辯之餘地。乃隋唐以後之傳說則大可異。或云序之首句爲大毛公作。次句以下爲小毛公作。或云大序是子夏作。小序是子夏毛公合作。（隋書經籍志稱序爲子夏所創毛公及衛敬仲更加潤益）尤可駭者。宋程頤以大序爲孔子所作。小序爲當時國史所作。以史記漢書從未齒及之詩序范蔚宗時「傳於世」共知出衛宏手者。乃展轉攀引嫁名及於孔子子夏。而千餘年共認爲神聖不可侵犯之寶典。眞不可思議之怪象矣。

詩非必皆無作者主名。然斷不能謂篇篇皆可得作者主名。詩非必皆無本事。然斷不能謂篇篇皆有本事。以三百篇論。則無主名無本事者。其數必遠過於有主名有本事者。又至易見也。魯齊韓三家書雖亡。其佚說時時見於他籍。間有述各篇之主名或年代或本事。則其義率較所謂毛詩序者爲長。（如以關雎爲康王時詩。以采薇爲懿王時詩以鷊虞爲主鳥獸之官以賓之初筵爲衞武公飲酒悔過作之類蓋有所受之也毛詩家所謂大毛公小毛公者是否有其人本已屬問題藉曰有之然質諸劉歆班固亦未言二毛有作序之事而衞宏生東漢之初果何所受而能知申公轅固韓嬰所不知或另樹一說以與爲難者故但考明詩序之來歷則其書之無價値本已不待辯若細按其內容則捧腹噴飯之資料更不可一二數例如鄭風見有「仲」字則曰祭仲見有「叔」字則曰共叔段餘則連篇累牘皆曰「刺忽」「刺忽」鄭立國數百年豈其於仲段忽外遂無他人而詩人謳歌豈其於美刺仲段忽外遂無他情感鑿空武斷可笑一至此極其餘諸篇大率此類也故欲治詩經者非先將毛序拉雜摧燒之其蔀障不知所極矣看崔述讀風偶識卷一通論詩序卷二通論十三國風

朱熹集傳亦每篇述作詩之旨而頗糾正衞序較絜淨矣而又別有其鑿空武斷之途故學者宜並舉而廓清之

風頌雅南釋名

「四詩」之說見於孔子世家其說是否爲後人附益尙難斷定若古有此說則甚易解蓋三百篇本以類從分爲四體曰南曰風曰雅曰頌自毛詩序不得「南」之解將周召二南儕於邶鄘以下之諸風名爲「十五國風」於是四詩餘其三而析小大雅爲二以足之詩體紊矣今分釋其名如下

一　釋南　詩鼓鐘篇『以雅以南』「南」與「雅」對舉雅既爲詩之一體則南亦必爲詩之一體甚明禮記文王世子之『胥鼓南』左傳之『象箾南籥』皆指此也此體詩何以名之爲「南」無從臆斷毛氏於鼓鐘傳云『南夷之樂曰南』周禮旄人鄭注公羊昭二十五年何注皆云『南方之樂曰任』「南」「任」同音當本一字乃至後此漢魏樂府所謂「鹽」所謂「豔」者河鵲鹽歸國鹽突厥鹽黃帝鹽疏勒鹽三婦豔亦即此字所變衍蓋未可知但毛詩序必謂鼓鐘之「南」非二南之「南」其釋二南則謂『南言王化自北而南』

則望文生義極可笑此如某帖括家選古詩解昔昔鹽為食鹽矣竊意「南」為當時一種音樂之名其節奏蓋自為一體與雅頌等不同據儀禮鄉飲酒禮燕禮皆於工歌間歌笙奏之後終以合樂合樂所歌為周南之關雎葛覃卷耳召南之鵲巢采蘩采蘋論語亦云『關雎之亂洋洋乎盈耳哉』「亂」者曲終所奏也綜合此種資料以推測「南」似為一種合唱的音樂於樂終時歌之歌者不限於樂工故曰『其亂洋洋盈耳』矣

二．釋風　毛詩序釋「風」字之義謂『上以風化下下以風刺上』亦是望文生義竊疑風者諷也為諷誦之諷字之本文漢書藝文志云『不歌而誦謂之賦』「風」殆只能諷誦而不能歌者故儀禮禮記左傳中所歌之詩惟風無有左傳述宴享時所及之風詩則皆賦也正所謂不歌而誦也左傳季札觀樂嘗遍歌各國風其文可疑恐是孔子正樂以後之學者所記詳左傳解題後此風能歌與否不可知若能恐在孔子正樂後也

三．釋雅　雅者正也殆周代最通行之樂公認為正聲故謂之雅儀禮鄉飲酒云『工歌鹿鳴四牡皇皇者華笙南陔白華華黍乃間歌魚麗笙由庚歌南有嘉魚笙崇丘歌南山有臺笙由儀……工告於樂正曰「正樂備……」』笙詩六篇有聲無辭晉束皙謂其亡而補之妄也竊疑歌與笙同時合作相依而節如今西樂所謂「伴奏」例如歌魚麗時即笙由庚以為伴由庚但有音符之譜而無辭可歌其音節則與所歌魚麗相應也南陔之與鹿鳴白華之與四牡華黍之與皇皇者華崇丘之與南有嘉魚由儀之與南山有臺並同凡小雅大雅之詩皆用此體故謂之正樂謂之雅

四．釋頌　後人多以頌美之義釋頌竊疑不然漢書儒林傳云『魯徐生善為頌』蘇林注云『頌貌威儀』顏師古注云『頌讀與容同』頌字從頁頁即人面故容貌實頌字之本義也然則周頌商頌等詩何故名

爲頌耶。南雅皆唯歌。頌則歌而兼舞。周官『奏無射。歌夾鐘。舞大武。』禮記『朱干玉戚冕而舞大武。』大武爲周頌中主要之篇。而其用在舞。舞則舞容最重矣。故取所重名此類詩曰頌。樂記云『夫武始而北出。再成而滅商。三成而南。四成而南國是疆。五成而分周公左召公右。六成復綴以崇天子。夾振之而四伐。盛威於中國也。分夾而進。事蚤濟也。久立於綴。以待諸侯之至也。』今本周頌惟『於皇武王』一章下句標題爲「武」然據左傳宣十二年楚莊王云『武王克商作武其卒章曰「耆定爾功」其三日「鋪時繹思我徂維求定」其大日「綏萬邦屢豐年」……』今本惟「耆定爾功」在武之章「敷時繹思」云云其章名曰賚「綏萬邦」云云其章名曰桓而春秋時人乃並指爲武之一部且確數其篇次可見今本分章非古而大武之詩不止一章矣 觀此則大武舞容何若。尙可髣髴想見。三頌之詩皆重舞節。此其所以與雅南之唯歌者有異。與風之不歌而誦者更異也。略以後世之體比附之則風爲民謠南雅爲樂府歌辭頌則劇本也

右「四詩」之分析解釋。前人多未道及。吾亦未敢遽自信。姑懸一說以待來者。

讀詩法之一 詩三百篇。爲我國最古而最優美之文學作品。其中頌之一類。蓋出專門文學家音樂家所製。最爲典重矞皇。雅之一類。亦似有一部分出專門家之手。南與風則純粹的平民文學也。前後數百年間各地方各種階級各種職業之人男女兩性之作品皆有。所寫情感對於國家社會。對於家庭。對於朋友個人相互交際。對於男女兩性間之怨慕……等等。莫不有其代表之作。其表現情感之法。有極纏綿而極蘊藉者。例如。

『君子于役。不知其期。曷至哉。雞棲於塒。君子于役。如之何勿思。』

如。

『陟彼岵兮。瞻望父兮。父曰「嗟。予子行役。夙夜無寐。尙愼旃哉。由來無死。」』

如

「習習谷風。以陰以雨。黽勉同心。不宜有怒。采葑采菲。無以下體。德音莫違。及爾同死。」

有極委婉而實極決絕者。例如。

「汎彼柏舟。亦汎其流。髧彼兩髦。實為我儀。之死矢靡它。母也天只。不諒人只。」

有極沈痛而一發務使盡者。例如。

「蓼蓼者莪。匪莪伊蒿。哀哀父母。生我劬勞。」

如。

「苕之華。其葉青青。知我如此。不如無生。」

有於無字句處寫其深痛或摯愛者。例如

「彼黍離離。彼稷之苗。行邁靡靡。中心搖搖。知我者謂我心憂。不知我者謂我何求。悠悠蒼天。此何人哉。」

如。

「瞻彼日月。悠悠我思。道之云遠。曷云能來。」

有其辭繁而不殺以曲達菀結不可解之情者。例如。

谷風。載馳。鴟鴞。節南山。正月。十月之交。小弁。桑柔諸篇。（全文不錄）

有極淡遠而一往情深者。例如。

「蒹葭蒼蒼。白露為霜。所謂伊人。在水一方。溯洄從之。道阻且長。溯游從之。宛在水中央。」

有極旖旎而含情邈然者。例如。

『春日載陽、有鳴蒼庚、女執懿筐、遵彼微行、爰求柔桑。春日遲遲、采蘩祁祁、女心傷悲、殆及公子同歸、』

凡此之類、各極表情文學之能事、（右所舉例不過隨感憶所及隨摭數章令學者循此以注意耳非謂表情佳什僅此亦非謂表情法之種類僅此也）故治詩者宜以全詩作文學品讀、專從其抒寫情感處注意、而賞玩之、則詩之眞價値乃見也、

孔子曰、『詩可以興、可以觀、可以羣、可以怨、』孔子於文學與人生之關係看出最眞切、故能有此言、古者以詩爲敎育主要之工具、其目的在使一般人養成美感有玩賞文學的能力、則人格不期而自進於高明、夫名詩僅諷誦涵泳焉、所得已多矣、況孔子舉三百　皆弦而歌之、合文學音樂爲一、以樹社會敎育之基礎、其感化力之大、云胡可量、子之武城、聞弦歌之聲、子游對以『君子學道則愛人、小人學道則易使、』謂以詩敎也、謂美感之能使社會向上也、吾儕學詩、亦學孔子之所學而已、

詩學之失、自僞毛序之言「美刺」始也、僞序以美刺釋詩者什而八九、其中「刺時」「刺其君」「刺某人」云云者、又居彼八九中之八九、夫感慨時政、憎嫉惡社會、雖不失爲詩人情感之一、然豈舍此遂更無可抒之情感者、僞序乃悉舉而納之于刺、例如邶風之雄雉、王風之君子於役、明爲夫行役在外、而妻念之之作、與時君何與、而一以爲刺衞宣公、一以爲刺周平王、邶風之谷風、衞風之氓、明是棄婦自寫其哀怨、而一以爲刺夫婦失道、一以爲刺時、諸如此類、指不勝指、信如彼說、則三百篇之作者、乃舉如一黃蜂、終日以螫人爲事、自身復有性情否耶、三百篇盡成「爰書」、所謂溫柔敦厚者何在耶、又如男女相悅之詩、什九釋爲刺淫、彼蓋泥於孔子『思無邪』之言、以爲「淫則邪、刺之則無邪」也、信如彼說、則搆淫詞以爲刺、直「勸百諷一」耳、謂之無邪可乎、不知男女愛悅、亦情之正、豈必刺焉而始有合於無邪之旨也、是故自美刺之說行、而三百篇成爲「司空城旦

書」。其性靈之神聖智沒不曜者二千年於茲矣。學者速脫此梏。乃可與語。於學詩也。

讀詩法之二　前段所說。專就陶養情感一方面言。但古人學詩。尚有第二目的。在應用一方面。孔子曰。『不學詩。無以言。』又曰。『誦詩三百。授之以政。不達。使於四方。不能專對。雖多亦奚以爲。』學詩何故能言能專對。授之以政何故能達耶。爲政者不外熟察人情。批其窾郤。因而導之。而吾人所以御事應務。其本則在『多識前言往行以畜其德。』古人學詩。將以求此也。左傳襄二十八年云。『賦詩斷章。余取所求焉。』斷章取所求。即學詩應用方面之法也。是故『緡蠻黃鳥。止於丘隅。』孔子讀之則曰。『於止知其所止。可以人而不如鳥乎。』『高山仰止。景行行止。』孔子讀之則曰。『詩之好仁如此。鄉道而行。不知年數之不足。俛焉日有孳孳。斃而後已。』司馬遷讀之則曰。『雖不能至。而心嚮往之。』『如切如磋。如琢如磨。』子貢讀之。悟所以處貧富者。『巧笑倩兮。美目盼兮。素以爲絢兮。』子夏讀之。明「禮後」之義。孔子並贊嘆之曰。『賜也商也。始可與言詩也已矣。』『徹彼桑土。綢繆牖戶。今此下民。或敢侮予。』孟子讀之則曰。『能治其國家。誰敢侮之。』『鳲鳩在桑。其子七兮。淑人君子。其儀一兮。』荀子讀之則曰。『故君子結於一也。』自餘如左傳所記列國卿大夫之賦詩言志。以及韓詩外傳新序之或述事或樹義而引詩以證成之。凡此之類。並不必問其詩之本事與其本意。通吾之所感於作者之所感。引而申之。觸類而長之。此亦鍛鍊德性增益才智之一法。古人所恆用而今後尙可襲用者也。

讀詩法之三　現存先秦古籍。眞贋雜糅。幾於無一書無問題。其精金美玉字字可信可寶者。詩經其首也。故其書於文學價值外尙有　重要價值焉。曰可以爲古代史料或史料尺度所謂可以為史料者．非謂如偽毛序之比附左傳史記強派某篇為某王某公之事云也．詩經關係政治者本甚希．即偶有一二屬於當時宮廷事實者如衛武公飲酒悔過許穆夫人賦載馳之類亦不甚足重輕．可置勿論．詩經中關於具體的政治史料反不可盡信蓋文人之言華而不實者多也如魯頌閟宮有『莊公之子』語明為頌僖公無疑而篇中又云『戎狄是膺荊舒是懲』僖公何從有此豐功偉烈耶雖然．歷史決不限於政治．其最主要者在能現出全社會心的物的兩方面之遺影．而高尚的文學作品．往往最能應給此種要求．左傳季札觀樂一篇對於十五國風之批評即從社會心理方面研究詩經也．其果否為季札所批評且勿論吾儕若能應用此方法而擴大之．則對於「詩的時代」——紀前九〇〇至六〇〇之中華民族之社會組織的基礎及其人生觀之根核．可以得較明確的概念．而各地方民性之異同及其次第醇化之跡．亦可以略見．其在物質方面．則當時動植物之分布城郭宮室之建築．農器兵器禮器用器之製造．衣服飲食之進步．……凡此種種狀況．試分類爬梳．所得者至復．不少．故以史料讀詩經幾於無一字無用也．

所謂史料之尺度者．古代史神話與贋跡太多．吾儕欲嚴密鑑別不能不擇一兩部較可信之書以為準據．以衡量他書所言以下真偽之判決．所謂正日月者視北辰也．若是者．吾名之曰史料之尺度．例如研究孔子史蹟當以論語為尺度是也．有詩時代及有詩以前之時代正式之史未出現詩亡然後春秋作而傳記讖緯所記古事多糅雜不可究詰．詩經既未經後人竄亂．全部字字可信其文雖非為記事而作．而偶有所記．吾輩良可據為準鵠．例如．『天命玄鳥．降而生商』．『厥初生民．時維姜嫄』．乃商周人述其先德之詩．而所言如此．則稷契為帝嚳子之說．當然成問題．例如．『帝作邦作對．自太伯王季』．明是周人歷述其創業之主．則泰伯有無逃荊蠻之事．亦成問題．恐周人自文武以前亦如殷制兄終弟及例如．各篇中屢言夏禹．如『禹敷下土方』『纘禹之緒』等．而堯舜無一字道及則堯舜為何等人亦可成問題。諸如此類。若以史家極謹嚴的態度臨之。寧闕疑勿武斷。則以詩經為尺度。尚可得較絜淨之史也。

說詩注詩之書

詩居六藝之首。自漢以來。傳習極盛。解說者無慮千百家。即今現存之箋釋等類書亦無慮千百種。略讀之已使人頭白矣。故吾勸學者以少讀為妙。若必欲參考。則姑舉以下各書。

西漢今文詩說有魯齊韓三家。其傳皆亡。僅餘一韓詩外傳為韓詩之別子。劉向之新序及說苑。說詩語極多。向固治魯詩也。欲知西漢詩說之大概。此三書宜讀。

清陳喬樅有三家詩遺說考。搜采三家說略備。可參考。

現行十三經注疏本詩經為毛傳鄭康成箋孔穎達疏。所謂古文家言也。毛序之萬不可信。吾已極言之。惟毛傳於訓詁頗簡絜可讀也。鄭箋什九申毛。時亦糾之。穿鑿附會者不少。宜分別觀。孔疏頗博洽而斷制少。清儒新疏有陳奐詩毛氏傳疏最精審。專宗毛。雖鄭亦不苟同也。次則馬瑞辰毛詩傳箋通釋。胡承珙毛詩後箋。亦好。而王引之經義述聞經傳釋詞中關於毛詩各條。皆極好。學者讀此類書。宜專取其關於訓詁名物方面觀之。其關於禮制者已當慎擇。關於說詩意者切勿為其所囿。

宋儒注釋書朱熹詩經集傳頗絜淨。其教人脫離傳箋直玩詩旨。頗可學。但亦多武斷處。其對於訓詁名物。遠不逮清儒之精審。

通論詩旨之書清魏源詩古微。崔述讀風偶識。極有理解。可讀。姚際恆九經通論中詩經之部當甚好。但我尚未見其書。

吾關於整理詩經之意見有二。其一訓詁名物之部。清儒箋釋已什得八九。彙觀參訂。擇善以從。泐成一極簡明之新注。則讀者於文義可以無閡。其二。詩旨之部。從左傳所記當時士大夫之『賦詩斷章』起次論語孟子禮記及周秦諸子引詩所取義。下至韓詩外傳新序說苑及兩漢書各傳中之引詩語止。博採其說分系本詩之下以考見古人『以意逆志』『告往知來』之法。俾詩學可以適用於人生。茲事爲之並不難。惜吾有志焉而未之逮也。

楚辭

楚辭之編纂及其篇目　漢書藝文志無楚辭。惟載『屈原賦二十五篇』。及王逸爲楚辭章句。其離騷篇後序云『屈原……依詩人之義而作離騷。……復作九歌以下凡二十五篇。楚人高其行義。瑋其文采以相教傳。……後世雄俊莫不瞻慕。舒肆妙慮。纘述其詞。逮至劉向典校經書。分爲十六卷。……今臣復以所記所知稽之舊章作十六卷章句。……』據此則楚辭似是劉向所編定。然今本第十六卷卽劉向所作九歎。復有第十七卷爲王逸所作九思。殆兩人各以己作附驥耶。其各篇次第。今本與陸德明經典釋文本亦有異同。今錄其篇名篇數篇次及相傳作者人名爲表如下。

（篇名）	（篇數）	（今本篇次）	（釋文篇次）	（舊題作者名）
離騷	一篇	第一	第一	屈原
九歌	十一篇	第二	第三	屈原

東皇太一　雲中君　湘君　湘夫人　大司命　少司命
東君　河伯　山鬼　國殤　禮魂

天問　一篇　第三　第四　屈原

九章　九篇　第四　第五　屈原
惜誦　涉江　哀郢　抽思　懷沙
思美人　惜往日　橘頌　悲回風

遠遊　一篇　第五　第六　屈原

卜居　一篇　第六　第七　屈原

漁父　一篇　第七　第八　屈原

九辯　十一篇　第八　第二　宋玉

招魂　一篇　第九　第十　宋玉

大招　一篇　第十　第十六　屈原或景差

惜誓　一篇　第十一　第十五　賈誼

招隱士　一篇　第十二　第九　淮南小山

七諫　七篇　第十三　第十二　東方朔

哀時命　一篇　第十四　第十四　嚴忌

九懷　九篇　第十五　第十一　王襃
九歎　九篇　第十六　第十三　劉向
九思　九篇　第十七　第十七　王逸

七諫　九懷　九歎　九思　各篇子目不錄。

右各篇自惜誓以下。皆漢人所作。朱熹楚辭辯證云『七諫九懷九思九歎雖爲騷體。然其詞氣平緩。意不深切。如無所疾痛而强爲呻吟者。就其中諫歎猶或粗有可觀。兩王則卑已甚矣。故雖幸附書尾。而人莫之讀』故熹所作楚辭集注將彼四家之三十四篇刪去而補以賈生之弔屈文及鵩鳥賦。其目如下。

卷一　離騷經第一
卷二　離騷九歌第二
卷三　離騷天問第三
卷四　離騷九章第四
卷五　離騷遠遊第五　離騷卜居第六　離騷漁父第七
原注云『以上離騷凡七題二十五篇。皆屈原作。今定爲五卷。』
卷六　續離騷九辯第八　宋玉
卷七　續離騷招魂第九　宋玉　續離騷大招第十　景差
卷八　續離騷惜誓第十一　賈誼　續離騷弔屈原第十二　賈誼

續離騷鵩賦第十三　賈誼　續離騷哀時命第十四　莊忌

洪興祖補注本自漁父以上皆於篇名下各綴以「離騷」二字。而離騷篇題爲「離騷經」。九辯以下則每篇篇名下綴以「楚辭」二字。朱熹因之而略加修正。故自離騷至漁父每篇皆冠以「離騷」二字。九辯以下則冠以「續離騷」三字。

今本篇次與釋文本有異同。洪興祖云『九章第四。九辯第八。而王逸九章注云「皆解於九辯中。」知釋文篇第。蓋舊本也。後人始以作者次叙之耳。』朱熹云『今按天聖十年陳說之序以爲「舊本篇第混並。首尾差互。如考其人之先後重定其篇。」然則今本說之所定也歟。』啓超按洪朱所論甚當。欲知劉向王逸原本宜遵釋文。今本非也。

右所舉篇數篇次等。雖甚瑣末。然實爲考證屈原作品之基本資料。故不憚詳述之。

屈原賦二十五篇　楚辭中漢人作品。向不爲人所重視。更無考證之必要。吾儕研究楚辭。實際上不過研究屈原而已。吾儕所亟欲知者。漢書藝文志稱『屈原賦二十五篇』究竟今楚辭中某二十五篇爲屈原所作耶。此問題頗複雜。舊說逕以離騷一篇。九歌十一篇。天問一篇。九章九篇。遠遊卜居漁父各一篇。以當二十五篇之數。其九辯招魂則歸諸宋玉。大招是否在二十五篇中則存疑焉。吾竊疑非是。據所臆測。則劉向所集之二十五篇篇名當如左。

離騷一篇。

九辯一篇。

九歌十篇．
卜居一篇．
漁父一篇．
天問一篇．
招魂一篇．
遠遊一篇．
惜誦．涉江．哀郢．抽思．思美人．橘頌．悲回風．懷沙．各一篇．

右八篇今本更入以惜往日一篇合題爲九章．

吾此說頗奇特今須加以說明者．一爲大招是否屈原作之問題．二爲招魂是否宋玉作之問題．三爲九辯作者問題．四爲九歌篇數問題．五爲九章是否舊名及其中各篇有無僞品問題．今一一鉤稽疏證如下．

一　王逸大招章句云『大招屈原之所作也或曰景差疑不能明也』今按大招明爲摹仿招魂之作．其辭靡弱不足觀．篇中有『小腰秀頸若鮮卑只』語．鮮卑爲東胡餘種．經冒頓摧滅別保鮮卑山因而得號者．其以此名通於中國．蓋在東漢．非惟屈原不及知．卽景差亦不及知．此篇決爲漢人作無疑．故釋文本列諸第十六．在全書之最末．則劉向編集時殆亦不認爲先秦作品矣．故語屈原賦當先將此篇剔出．

二　招魂今本目錄注指爲宋玉作．文選亦同．然史記屈原列傳贊云『余讀離騷．天問．招魂．哀郢．悲其志』然則司馬遷明認招魂爲屈原作．此篇對於厭世主義與現世快樂主義兩方皆極力描寫而兩皆撥棄．

實全部楚辭中最酣肆最深刻之作。後人因篇名招魂。且中有『魂魄離散汝筮予之』語。遂謂必屈原死後後人悼弔之作。因嫁名宋玉。所謂癡人前說不得夢也。謂宜從史記以本篇還諸屈原。

三　九辯向未有以加諸二十五篇中者。雖然有一事頗難索解。釋文本何故以此篇置諸第二——在離騷之後九歌之前。王逸釋「九」字之義亦詳見本篇下。而九歌九章略焉。則此爲王本原次甚明。夫第一篇及第三以下之二十餘篇皆屈原作。而中間忽以非屈原作之一篇置第二。甚可異也。且全部楚辭除漢人諸作外。向來擬議爲宋玉景差等所作者。只有九辯招魂小招三篇。大招決屬漢擬。招魂決爲屈作。如前文所辯證。殆成信讞。僅餘此九辯一篇。（九辯原只一篇故無子目王逸本蓋爲十一篇朱熹本蓋爲九篇皆以意割裂耳）以宋辭而錄屈集。益大可異也。且『啓九辯與九歌』語見離騷。或辯歌同屬古代韻文名稱。屈並用之。故吾竊疑九辯實劉向所編屈賦中之一篇。雖無確證。要不失爲有討論價值之一問題也。

四　九歌十一篇明載子目。更無問題。惟末篇禮魂僅有五句。（『盛禮兮會鼓傳芭兮代舞姱女倡兮容與春蘭兮秋菊長無絕兮終古』）似不能獨立成篇。竊疑此爲前十篇之「亂辭」。每篇歌畢皆殿以此五句。果爾則九歌僅有十篇耳。

五　今本九章凡九篇。有子目。惟其中惜往日一篇文氣拖沓靡弱。與他篇絕不類。疑屬漢人擬作。或弔屈原之作耳。「九章」之名。似亦非舊。哀郢九章之一也。史公以之與離騷天問招魂並舉。認爲獨立的一篇。懷沙亦九章之一也。本傳全錄其文。稱爲「懷沙之賦」。是史公未嘗謂此兩篇爲九章之一部分也。竊疑「九章」之名。全因摹襲九辯九歌而起。或編集者見惜誦至悲回風等散篇體格大類相類。遂仿辯歌例賦予以一總名。又見只有八篇。遂以晚出之惜往日足之爲九。殊不知辯歌之「九」字皆別有取義。非指篇數。觀辯歌之篇皆非九可知也。褒之九懷。向之九歎。逸之九思。篇皆取盈九數。適見其陋耳。故吾疑九章名非古。藉曰古有之。則篇數亦不嫌僅八。而惜往日一篇。必當在料揀之列也。

若吾所臆測不甚謬。則將舊說所謂二十五篇者刪去惜往日。以禮魂分隸東皇太一等十篇之末。不別為篇。而補入九辯招魂。恰符二十五之數。此二十五篇是否皆屈原作品。抑有戰國末年無名氏之作。而後人概歸諸屈原。雖尚有研究之餘地。（近人胡適有此說）然而劉向班固所謂二十五篇之屈原賦。殆即指此。無可疑者。

屈原之行歷及性格

史記有屈原列傳。載原事蹟頗詳。舉其大概。則

一 原為楚同姓貴族。

二 原事楚懷王。官左徒。曾大被信任。

三 原為同列上官大夫所排。遂被疏放。然猶嘗任齊使。

四 懷王十六年（西紀前三一三）秦張儀譎詐懷王。絕齊交。破合從之局。原請殺張儀。

五 懷王三十年。（前二九九）秦昭王誘懷王會武關。原諫不聽。王遂被脅留。客死於秦。

六 頃襄王立。（前二九八）原為令尹子蘭所譖。王怒而遷放之。原遂自沈。

關於屈原身世之唯一的資料。只有此傳。後此言原事者。皆本之。故漢王逸謂『原在懷王時被讒見疏。作離騷。……頃襄王遷原於江南。原復作九歌天問遠遊九章卜居漁父等篇。』宋洪興祖謂『原被放在懷王十六年。至十八年復召用之。頃襄王立復放。』惟清王懋竑不信史記。謂原決無再召再放事。謂原決不及見頃襄王。其言曰。『卜居言「既放三年不得復見。」哀郢言「九年而不復。」「壹反之無時。」則初無召用再放之事。』

（白田草堂存稿卷三書楚辭後下同）又云『諫懷王入秦者。據楚世家乃昭睢。非屈原也。夫原諫王不聽而卒被留。以致客死。此忠臣之至痛。而原諸篇乃無一語以及之。至惜往日悲回風臨絕之音。憤懣伉激。略無所諱。而亦祇反復於隱蔽障壅之害。孤臣放子之寃。其於國家則但言其委卿勤棄舟機將卒於亂亡。而不云禍殃之己至是也。是誘會被留乃原所不及見。而頃襄王之立。則原之自沈久矣』。懋竑所辯。尚多皆從原作品本身立反證。極有價值。又傳中令尹子蘭等事亦不足信。朱熹云『楚辭以香草比君子。然以世亂俗衰。人多變節。遂深責椒蘭之不可恃而揭車江離亦以次書罪。初非以爲實有是人。而以椒蘭爲名字者也。而史遷作屈原傳乃有令尹子蘭之說。班氏古今人表又有令尹子椒之名。……王逸因之又訛以爲司馬子蘭大夫子椒。……流誤千載。無一人覺其非。甚可歎也。使其果然。則又當有子車子離子椒之儔。蓋不知其幾人矣』（楚辭辯證卷上）右所論難。皆可謂讀書得閒。要之史記所載古代史蹟。本多采自傳聞。鑑別非甚精審。況後人竄亂亦多。即以屈原列傳論。篇中自相矛盾處且不少。（王懋竑列舉之）故吾儕良不宜輕信。更不宜牽合附會以曲爲之說。大概屈原爲楚貴族。生卒於西紀前四世紀之下半紀。曾一度與聞國政。未幾被黜放。放後逾九年乃自殺。其足跡在今湖北湖南兩省。亦或嘗至江西。此爲屈原之基本的史蹟。過此以往。闕疑可也。

司馬光謂屈原『過於中庸不可以訓』。故所作通鑑。削原事不載。屈原性格誠爲極端的。而與中國人好中庸之國民性最相反也。而其所以能成爲千古獨步之大文學家亦即以此。彼以一身同時含有矛盾兩極之思想。彼對於現社會極端的戀愛。又極端的厭惡。彼有冰冷的頭腦。能剖析哲理。又有滾熱的感情。終日自煎自焚。彼絕不肯同化於惡社會。其力又不能化社會。故終其身與惡社會鬭。最後力竭而自殺。彼兩種矛盾性日日交戰於胸中。結果所產煩悶至於爲自身所不能擔荷而自殺。彼之自殺實其個性最猛烈最純潔之全部表現。非有此奇特之個性不能產此文學。亦惟以最後一死能使其人格與文學永不死也。吾嘗有屈原研究一篇（見學術講演集第三輯）關於此點。論列頗詳盡。可參看。（彼文關於屈原史蹟及作品之考證與斯篇稍有異同）

楚辭注釋書及其讀法

楚辭多古字古言。非注釋或不能悉解。漢武帝時。淮南王安已作離騷章句。東漢則班固賈逵皆續有所釋。然亦只限於離騷。及王逸乃爲楚辭章句十六卷。徧釋諸篇。宋則有洪興祖爲之補注。而朱熹別加刪訂爲楚辭集註。今三本並存。其餘釋者尚多。不具舉。（清戴震有楚辭箋不審尚存否若存必當有可觀）王逸年輩在鄭玄高誘韋昭前。所釋訓詁名物多近正。最可貴。其釋篇中之義則以爲『離騷之文。依詩取興。引類譬諭。故善鳥香草以配忠貞。惡禽臭物以比讒佞。靈修美人以媲於君。宓妃佚女以譬賢臣。虬龍鸞鳳以託君子。飄風雲霓以爲小人。……』此在各篇中固偶有如此託興者。（離騷篇或更多）若每篇每段每句皆膠例而鑿求之。則傎甚矣。人之情感萬端。豈有舍「忠君愛國」外卽無所用其情者。若全書如王注所解。則屈原成爲一虛僞者或鈍根者。而二十五篇悉變爲方頭巾家之政論。更何文學價值之足言。故王注雖有功本書。然關於此點。所失實非細也。後世作者往往不爲文學而從事文學。而恆謬託高義於文學以外。皆由誤讀楚辭啓之。而注家實不能不任其咎。朱註對於此等曲說。頗有芟汰。較爲潔淨。（楚辭辯證對於九歌諸篇所論云「東皇太一舊說以爲原意謂人盡心以事神則神惠以福今竭忠以事君而君不見信故爲此以自傷」補注又謂「此言人臣陳德義禮樂以事上則上無憂患」雲中君舊說以爲「事神已訖復念懷王不明而太息憂勞」補注又謂「以雲神喻君德而懷王不能故心以爲憂」皆外增贅說以害全篇之大旨曲生碎義以亂本文之正意」又云「湘君一篇情意曲折最爲詳盡而爲說者之謬爲尤多以致全然不見其語意之脈絡次第至其卒章猶以「遺玦捐袂」爲求賢而「采杜若」爲好賢之無已皆無復有文理也」又云「佳人召予正指湘夫人而言而五臣謂「若有君命則亦將然」補注以佳人爲「賢人同志者」如此則此篇何以名爲湘夫人乎」讀此可知舊注之穿鑿可笑而朱氏之特識爲不可及也）惜仍有所拘牽。芟滌未盡耳。』例如九歌總序下注云『此卷諸篇皆以事神不答而不能忘其敬愛比事君不合而不能忘其忠赤』雖稍直捷然終未能脫舊注桎梏何如直云九歌皆祀神樂章而屈原自抒其想像力及情感耶故吾以爲治楚辭者。對於諸家之注。但取其名物訓詁。而足其敷陳作者之旨者。宜悉屏勿觀也。

我國最古之文學作品。三百篇外即數楚辭。三百篇爲中原遺聲。楚辭則南方新興民族所創之新體。三百篇雖亦有激越語。而大端皆主於溫柔敦厚。楚辭雖亦有含蓄語。而大端在將情感盡情發洩。三百篇爲極質正的現實文學。楚辭則富於想像力之純文學。此其大較也。其技術之應用亦不同道。而楚辭表情極迴盪之致。體物盡描寫之妙。則亦一進步也。吾以爲凡爲中國人者。須獲有欣賞楚辭之能力。乃爲不虛生此國。吾願學者循吾說而廣之。諷誦饜飫之既久。必能相說以解也。

禮記　大戴禮記附爾雅

禮記之名稱及篇目存佚

禮記者。七十子後學者所記。而戰國秦漢間儒家言之一叢書。西漢中葉儒者戴德戴聖所纂集傳授也。今存者有東漢鄭康成所注四十九篇。名曰禮記。實小戴記。有北周盧辯所注三十九篇。名曰大戴禮記。大戴禮記本八十四篇。佚其四十六。存者僅此而已。兩記之名。蓋自東漢後始立。漢書藝文志禮家依七略著錄。但云『記百三十一篇』班固注云『七十子後學者所記』。至隋書經籍志則云『漢初河間獻王得仲尼弟子所記一百三十一篇。至劉向校經籍。檢得一百三十篇。因第而敍之。又得明堂陰陽記……等五種。共二百十四篇。戴德刪其繁重。合而記之。爲八十五篇。謂之大戴禮。戴聖又刪大戴之書爲四十六篇。謂之小戴記。』案此說本諸晉司空長史陳邵經典釋文序錄引邵周禮論序云『戴德刪古禮二百四篇爲八十五篇謂之大戴禮戴聖刪大戴禮爲四十九篇是爲小戴禮』隋志與邵異者古禮二百四篇作二百十四篇小戴記四九篇作四十六篇兩記之傳授分合問題頗複雜。今先列其目再加考證。

（一）今本禮記目錄。

孔穎達禮記正義於每篇之下皆有『案鄭目錄云……』一段。蓋鄭康成所撰各篇之解題也。鄭錄每篇皆有『此於別錄屬某某』一語。是劉向本有分類而鄭引之也。今節錄彼文如下。

曲禮上下第一、第二。鄭目錄云『名曰曲禮者以其篇記五禮之事。……此於別錄屬制度』

檀弓上下第三第四。鄭目錄云『名曰檀弓者以其記人善於禮故著姓名以顯之。……此於別錄屬通論』

王制第五。鄭目錄云『名曰王制者以其記先王班爵授祿祭祀養老之法度。此於別錄屬制度』

月令第六。鄭目錄云『名曰月令者以其記十二月政之所行也本呂氏春秋十二月紀之首章也以禮家好事鈔合之。……此於別錄屬明堂』

曾子問第七。鄭目錄云『名為曾子問者以其記所問多明於禮故著姓名以顯之。……此於別錄屬喪服』

文王世子第八。鄭目錄云『記文王為世子時之法。此於別錄屬世子法』

禮運第九。鄭目錄云『名為禮運者以其記五帝三王相變易陰陽轉旋之道。此於別錄屬通論』

禮器第十。鄭目錄云『名為禮器者以其記禮使人成器之義也。此於別錄屬制度』

郊特牲第十一。鄭目錄云『……此於別錄屬祭祀』

內則第十二。鄭目錄云『名曰內則者以其記男女居室事父母舅姑之法。此於別錄屬子法』

玉藻第十三。鄭目錄云『名曰玉藻者以其記天子服冕之事也。……此於別錄屬通論』

明堂位第十四。鄭目錄云『名曰明堂位者以其記諸侯朝周公於明堂之時所陳列之位也。……此於別錄屬明堂陰陽』

喪服小記第十五。鄭目錄云「名曰喪服小記者以其記喪服之小義也此於別錄屬喪服」

大傳第十六。鄭目錄云「名曰大傳者以其記祖宗人親之大義此於別錄屬通論」

少儀第十七。鄭目錄云「名曰少儀者以其記相見及薦羞之少威儀也少猶小也此於別錄屬制度」

學記第十八。鄭目錄云「名曰學記者以其記人學教之義此於別錄屬通論」

樂記第十九。鄭目錄云「名曰樂記者以其記樂之義此於別錄屬樂記」

雜記上下第二十第二十一。鄭目錄云「名曰雜記者以其雜記諸侯以下至士之喪事此於別錄屬喪服」

喪大記第二十二。鄭目錄云「名曰喪大記者以其記人君以下始死小斂大斂殯葬之事此於別錄屬喪服」

喪服大記第二十三。原闕

祭義第二十四。鄭目錄云「名曰祭義者以其記祭祀齊戒薦羞之義也此於別錄屬祭祀」

祭統第二十五。鄭目錄云「名曰祭統者以其記祭祀之本也統猶本也此於別錄屬祭祀」

經解第二十六。鄭目錄云「名曰經解者以其記六藝政教之得失也此於別錄屬通論」

哀公問第二十七。鄭目錄云「名曰哀公問者善其問禮著謚顯之也此於別錄屬通論」

仲尼燕居第二十八。鄭目錄云「名曰仲尼燕居者善其不倦燕居猶使三子侍之言及禮著其字言事可法退朝而處曰燕居此於別錄屬通論」

孔子閒居第二十九。鄭目錄云「名曰孔子閒居者善其無倦而不褻猶使一弟子侍為之說詩著其氏言可法也退居燕避人曰閒居此於別錄屬通論」

坊記第三十。鄭目錄云「名曰坊記者以其記六藝之義所以坊人之失者也此於別錄屬通論」

中庸第三十一。鄭目錄云「名曰中庸者以其記中和之為用也……此於別錄屬通論」

表記第三十二。鄭目錄云「名曰表記者以其記君子之德見於儀表此於別錄屬通論」

緇衣第三十三。鄭目錄云「名曰緇衣者善其好賢者厚也此於別錄屬通論」

奔喪第三十四。鄭目錄云「名曰奔喪者以其居他國聞喪奔歸之禮此於別錄屬喪服之禮矣」

問喪第三十五。鄭目錄云「名曰問喪者以其善問居喪之禮所由也此於別錄屬喪服也」

服問第三十六。鄭目錄云「名曰服問者以其善問以知有服而遭喪所變易之節此於別錄屬喪服也」

間傳第三十七。鄭目錄云「名曰間傳者以其記喪服之間輕重所宜此於別錄屬喪服」

三年問第三十八。鄭目錄云「名曰三年問者善其問以知喪服年月所由此於別錄屬喪服」

深衣第三十九。鄭目錄云「名曰深衣者以其記深衣之制也此於別錄屬制度」

投壺第四十。鄭目錄云「名曰投壺者以其記主人與客燕飲講論才藝之禮此於別錄屬吉禮」

儒行第四十一。鄭目錄云「名曰儒行者以其記有道德者所行也此於別錄屬通論」

大學第四十二。鄭目錄云「名曰大學者以其記博學可以為政也此於別錄屬通論」

冠義第四十三。鄭目錄云「名曰冠義者以其記冠禮成人之義此於別錄屬吉事」

昏義第四十四。鄭目錄云「名曰昏義者以其記娶妻之義內教之所由成也此於別錄屬吉事也」

鄉飲酒義第四十五。鄭目錄云「名曰鄉飲酒義者以其記鄉大夫飲賓于庠序之禮尊賢養老之義此於別錄屬吉事」

射義第四十六。鄭目錄云「名曰射義者以其記燕射大射之禮觀德行取於士之義此於別錄屬吉事」

燕義第四十七。鄭目錄云「名曰燕義者以其記君臣燕飲之禮上下相尊之義此於別錄屬吉事」

聘義第四十八．鄭目錄云「名曰聘義者以其記諸侯之國交相聘問之禮重禮輕財之義也此於別錄屬吉事」

喪服四制第四十九．鄭目錄云「名曰喪服四制者以其記喪服之制取於仁義禮知也此於別錄舊說屬喪服」

案據此知劉向所編定之禮記實分類爲次其類之可考見者一通論．二制度．三喪服．四吉禮或吉事．五祭祀．六子法或世子法．七樂記．八明堂或明堂陰陽．

（二）今本大戴禮記目錄．

據隋志大戴禮記八十五篇．今本自第三十八篇以上全佚．其下間佚．所存篇目如下．

王言第三十九．（以上三十八篇佚）

哀公問五儀第四十．

哀公問於孔子第四十一．

禮三本第四十二．（以上今本卷一．此下佚三篇．）

禮察第四十六．

夏小正第四十七．（以上今本卷二．）

保傅第四十八．（今本卷三．）

曾子立事第四十九．

曾子本孝第五十．

曾子立孝第五十一．

曾子大孝第五十二。
曾子事父母第五十三。（以上今本卷四。）
曾子制言上中下第五十四至五十六。
曾子疾病第五十七。
曾子天圓第五十八。（以上今本卷五。）
武王踐阼第五十九。
衛將軍文子第六十。（以上今本卷六。此下佚一篇。）
五帝德第六十二。
帝繫第六十三。
勸學第六十四。（以上今本卷七。）
子張問入官第六十五。
盛德第六十六。（以上今本卷八。）
千乘第六十七。
四代第六十八。
虞戴德第六十九。
誥志第七十。（以上今本卷九。）

文王官人第七十一．

諸侯遷廟第七十二

諸侯釁廟第七十三．（以上今本卷十．）

小辨第七十四．

用兵第七十五．

少閒第七十六．（以上今本卷十一．）

朝事第七十七．

投壺第七十八．（以上今本卷十二．）

公冠第七十九．

本命第八十．

易本命第八十一．（以上今本卷十三．此下佚四篇．）

隋志言大戴八十五篇．佚其四十七篇．存三十八篇．然今本實有三十九篇．四庫提要云『蓋夏小正一篇多別行隋唐間錄大戴者或闕其篇……存者宜爲三十九篇』．中興書目謂存四十篇者夏小正外又加明堂第六十七之一篇．實則此篇在盛德篇內．後人複寫重出耳．其佚篇篇名可考者．則有謚法篇．王度記．三正記．別名記．親屬記．五帝記．（俱白虎通引）有禘於太廟禮．（少牢饋食禮注引）有王霸記．（周禮注引）有佋穆篇．（明堂月令論引）有號謚篇．（風俗通引）有瑞命篇．（論衡引）其與小戴重出者．除投壺哀公問兩篇現存外．尚有曲禮．（漢書王式傳引）禮器．

（五經異義引）文王世子。（毛詩豳譜正義引）祭義。（漢書韋元成傳及白虎通耕桑篇引）曾子問。（白虎通耕桑篇引）閒傳。（白虎通性情篇引）檀弓。（白虎通崩薨篇及明堂月令論引）王制。（白虎通崩薨篇引）凡此或明引大戴或僅引篇名而所引文爲今小戴本所無宜推定爲出大戴者據此則所佚篇名亦可得三之一矣。

禮記內容之分析 禮記爲儒家者流一大叢書內容所函頗複雜今略析其重要之類別如下。

(甲)記述某項禮節條文之專篇。 如諸侯遷廟諸侯釁廟投壺奔喪公冠等篇四庫提要謂『皆禮古經遺文』雖無他證要之當爲春秋以前禮制書之斷片其性質略如開元禮大清通禮等之一篇又如內則少儀曲禮等篇之一部分亦記禮節條文其性質略如文公家禮之一節。

(乙)記述某項政令之專篇。 如夏小正月令等其性質略如大清會典之一部門。

(丙)解釋禮經之專篇如冠義昏義鄉飲酒義射義燕義聘義喪服四制等實儀禮十七篇之傳注。

(丁)專記孔子言論。 如表記緇衣仲尼燕居孔子閒居等其性質略如論語又如哀公問及孔子三朝記之七篇——千乘四代虞戴德誥志小辨用兵少閒——皆先秦儒家所傳孔子傳記之一部其專記七十子言論如曾子問子張問入官衞將軍文子等篇亦此類之附屬。

(戊)記孔門及時人雜事。 如檀弓及雜事之一部分其性質略如韓非子之內外儲說。

(己)制度之雜記載如王制玉藻明堂位等。

(庚)制度禮節之專門的考證及辨考證。 如禮器郊特牲祭法祭統大傳喪服記奔喪問喪閒傳等。

(辛)通論禮意或學術。 如禮運禮祭經解禮三本祭義三年問樂記學記大學中庸勸學本命易本命等。

（壬）雜記格言　如曲禮少儀勸學儒行等

（癸）某項掌故之專記　如五帝德帝繫文王世子武王踐阼等

禮記之原料及其時代

此一大叢書當然非成於一人之手漢志謂『七十子後學者所記』七十子以後之學者其範圍可直至戴德戴聖劉向也其中有錄自官書者如諸侯遷廟釁廟等篇雖未必禮古經遺文要之當爲某官守之掌籍也如文王官人篇與逸周書文略同蓋採自彼或與彼同採自某官書也如月令與呂覽淮南文同必三書同採一古籍也有從諸子書中錄出者例如大戴中立事至天圓十篇皆冠以「曾子」或卽漢志曾子十八篇中之一部也中庸坊記表記緇衣據沈約謂皆取子思子或卽漢志子思二十三篇中之一部也史記正義謂樂記爲公孫尼子次撰劉瓛謂緇衣公孫尼子作卽或漢志公孫尼子二十八篇之一部也如三年問禮三本樂記鄉飲酒義勸學等篇或一部或全部文同荀子蓋錄自荀子也如保傅及禮察之一部文同賈誼新書蓋錄自新書也（今本新書實贋品但彼兩篇文見賈生陳政事疏可決爲賈生作耳）此外採自各專書者當尚多惜古籍散佚不能盡得其來歷耳

兩記最古之篇共推夏小正謂與禹貢同爲夏代遺文果爾則四千年之珍祕矣然自朱熹方孝孺已大疑之謂恐出月令之後其實夏小正年代勘驗甚易因篇中有紀星躔之文——如『正月鞠則見初昏參中斗柄縣在下』『三月參則伏』『四月昴則見初昏南門正……』等天文家一推算當可得其確年也其最晚者如王制據盧植云漢文帝時博士所作雖尚有疑問（詳說次條）如禮察保傅之出漢人手則證佐鑿然（禮察篇有論秦亡語）如公冠篇載「孝昭冠辭」則爲元鳳四年以後所編著更不待問矣要而論之兩戴記中作品當以戰國末西漢初百餘

年間爲中心。其中什之七八則代表荀卿一派之儒學思想也。

禮記之編纂者及刪定者 手編禮記者誰耶。漢隋志史漢儒林傳及各注家皆未言及。惟魏張揖上廣雅表云『周公著爾雅一篇。爰曁帝劉魯人叔孫通撰置禮記。文不違古。』爾雅爲禮記中一篇說詳末段 揖言必有所據。然則百三十一篇之編纂者或卽叔孫通也。但通以後必仍多所增益。如保傅禮察公冠等明出孝文孝昭後。是其顯證。至次第續纂者何人。則不可考矣。

劉向校中書時所謂禮記實合六部分而成。隋志云『向檢得一百三十篇。因第而敍之。又得明堂陰陽記。孔子三朝記。王氏史氏記。樂記五種。合二百十四篇。』案漢志禮家『記百三十一篇。明堂陰陽三十三篇。王史氏二十一篇。』樂家『樂記二十三篇。』論語家『孔子三朝記七篇。』凡二百十五篇。隋志少一篇 今三朝七篇明載大戴。而鄭康成禮記目錄有『此於別錄屬明堂陰陽……此於別錄屬樂記……』等語。知今本禮記各篇不僅限於『記百三十一篇』之範圍內。而『明堂陰陽』等五種皆被採入。故禮記實合六部叢書爲一部叢書也。王氏史氏蓋皆叔孫通以後繼續編纂之人。惟所纂皆在百三十一篇外耳。

大戴刪劉向小戴刪大戴之說。起於隋書經籍志。原文前引 二戴武宣時人。豈能刪哀平間向歆所校之書。其謬蓋不待辨。至小戴刪大戴之說。據隋志謂『小戴刪定爲四十六篇。馬融益以月令明堂位樂記乃成今本之四十九篇』。後人因有以今本禮記除月令明堂位樂記外餘四十六篇皆先秦舊籍。惟此三篇爲秦漢人作者。此說之所由起。蓋以四十六合大戴未佚本之八十五恰爲百三十一篇。乃因此附會也。然此說之不可通有二。其一。兩戴記並非專以百三十一篇爲原料。如三朝記之七篇明堂陰陽之三十三篇樂記之二十三篇皆有所甄採。已具如前述。合兩戴以就百三十一篇之數。則置書中所采明堂等五種諸篇於何地。其二。兩戴各篇。並非相避其最著者。哀公問投壺兩篇。二本今皆見存。曲禮禮器等七篇。（詳見前大戴目錄條附語）亦皆大戴逸目。又如大戴之曾子大孝篇全文見小戴祭義。諸侯釁廟篇全文見小戴雜記。朝事篇一部分（自『聘禮』至『諸侯務焉』）見小戴聘義。本事篇一部分（自『有恩有義』至『聖人因殺以見節』）見小戴喪服四制。其餘互相出入之文尚多。然則二戴於百三十一篇之記殆各以意去取。異同參差。不必此之所棄卽彼之所錄。牽附篇數以求彼此相足。甚非其眞也。

最後當討論者。則爲馬融補三篇之問題。云馬融補三篇者。蓋務節小戴爲四十六篇以合大戴之八十五。求彼此相足。其削趾適屨之情。旣如前述。小戴四十六篇之說。不知何昉。藉曰有之。則曲禮檀弓雜記各有上下篇。故篇名僅四十六耳。小戴篇數之爲四十九。則自西漢時已然。後漢書橋元傳云『七世祖仁著禮記章句四十九篇。號曰橋君學。』仁。卽班固所說小戴授梁人橋仁季卿者也。曹褒傳云『父充持慶氏禮。褒又傳禮記四十九篇教授諸生。慶氏學遂行於世。』則褒所受於慶普之禮記亦四十九篇也。孔穎達正義於樂記下云『按別錄。禮記四十九篇。』則劉向所校定者正四十九篇也。而鄭目錄於王制下云『此於別錄屬制度。』於月令明堂位下並云。『此於別錄屬明堂陰陽。』益足明此三篇爲別錄所原有。非增自馬融也。內中王制篇之來歷。據正義引盧植云。『漢孝文皇帝令博士諸生作此書。』（經典釋文引同）陳壽祺謂盧說本史記封禪書。據索隱引劉向別錄謂文帝所造書有本制兵制服制等篇。以今王制參檢。絕不相合。非一書也。（見左海經辨）月令篇之來歷。據鄭目錄云。『本呂氏春秋十二月紀之首章也。以禮家好事鈔合之。後人因題之名曰禮記。言周公所作。其中官名時事多不合周法。』（篇中有『命太尉』語。太尉秦官。故鄭君斷此爲秦人書）壽祺亦力辯其非。（文繁不引）以吾論之。王制月令非後漢人續補。殆爲信讞。

然恐是秦漢間作品。兩戴記中秦漢作品甚多。又不獨此二篇也。後儒必欲强躋諸周公孔子之林。非愚則誣耳。

尤有一事當附論者。漢志『樂記二十三篇』。今采入小戴者只有一篇。鄭目錄云『此於別錄屬樂記』。謂從二十三篇之樂記采出也。正義云『蓋合十一篇爲一篇。謂有樂本有樂論有樂施有樂言有樂禮有樂情有樂化有樂象有賓牟賈有師乙有魏文侯。』其餘十二篇爲戴所不采。其名猶見別錄。曰則奏樂第十二樂器第十三樂作第十四意始第十五樂穆第十六說律第十七季札第十八樂道第十九樂義第二十昭本第二十一昭頌第二十二竇公第二十三也。（並見正義引）觀此尙可知當時與禮記對峙之樂記其原形何如。今此十一篇者見采於小戴而幸存。其中精粹語極多。餘十二篇竟亡。甚可惜也。

以上關於禮記應考證之問題略竟。此書似未經劉歆王肅之徒所竄亂。在古書中較爲克葆其眞者。此亦差强人意也。

禮記之價值　禮記之最大價值。在於能供給以研究戰國秦漢間儒家者流——尤其是荀子一派——學術思想史之極豐富之資料。蓋孔氏之學。在此期間始確立。亦在此期間而漸失其眞。其蛻變之跡與其幾。讀此兩戴記八十餘篇最能明了也。今略舉其要點如下。

一。孔門本以「禮」爲人格敎育之一工具。至荀子則更以此爲唯一之工具。其末流乃至極繁瑣極拘迂。乃至爲小小儀節費幾許記述幾許辯爭。讀曲禮檀弓玉藻禮器郊特牲內則少儀雜記曾子問……等篇之全部或一部分。其瑣與迂實可驚。觀此可見儒學之盛。卽其所以衰。

二。秦漢間帝王好大喜功。「封禪」「巡守」「明堂」「辟雍」「正朔」「服色」等之鋪張的建設。

多由儒生啓之儒生亦不能不廣引古制以自張其軍故各篇中比較三代禮樂因革損益之文極多而大抵屬於虛文及瑣節但其間固自有發揮儒家之政法理想及理想的制度極有價值者如王制禮運……等篇是也

三、爲提倡禮學起見一方面講求禮之條節一方面推闡制禮之精意及其功用以明禮教與人生之關係使禮治主義能爲合理的存在此種工作在兩戴記中頗有重要之發明及收穫禮運樂記禮察禮三本大傳三年問祭義祭統……等篇其代表也

四、孔子設教惟重力行及其門者親炙而受人格的感化亦不汲汲以鶩高玄精析之論戰國以還「求知」的學風日昌而各派所倡理論亦日趨複雜儒家受其影響亦競進而爲哲理的或科學的研究孟荀之論性論名實此其大較也兩戴記中亦極能表現此趨勢如中庸大學本命易本命……等篇其代表也

五、儒家束身制行之道及其教育之理論法則所引申闡發者亦日多而兩戴記薈萃之大學學記勸學坊記表記緇衣儒行……及曾子十篇等其代表也

要之欲知儒家根本思想及其蛻變之跡則除論語孟子荀子外最要者實爲兩禮記而禮記方面較多故足供研究資料者亦較廣但研究禮記時有應注意兩事

第一、記中所述唐虞夏商制度大率皆儒家推度之辭不可輕認爲歷史上實事卽所述周制亦未必文武周公之舊大抵屬於當時一部分社會通行者半屬於儒家理想者半宜以極謹嚴的態度觀之

第二、各篇所記『子曰……』『子言之……』等文不必盡認爲孔子之言蓋戰國秦漢間孔子已漸帶

有「神話性」。許多神祕的事實皆附之於孔子。立言者亦每託孔子以自重。此其一。「子」爲弟子述師之通稱。七十子後學者於其本師。亦可稱「子」。例如中庸。緇衣。……或言採自子思子。則篇中之「子」。亦可認爲指子思。不必定指孔子。此其二。卽使果爲孔子之言。而展轉相傳。亦未必無附益或失眞。此其三。要之。全兩部禮記所說。悉認爲儒家言則可。認爲孔子言則須審擇也。

就此兩點而論。禮記一書。未經漢以後人竄亂。誠視他書爲易讀。但其著作及編纂者之本身。或不免有若干之特別作用及成見。故障霧亦緣之而滋。讀者仍須加一番鑑別也。

讀禮記法

讀禮記之人有三種。一。以治古代禮學爲目的者。二。以治儒家學術思想史爲目的者。三。以常識及修養應用爲目的者。今分別略論其法。

以治古代禮學爲目的而讀禮記者。第一。當知禮記乃解釋儀禮之書。必須與儀禮合讀。第二。須知周禮晚出不可信。萬不可引周禮以解禮記。或難禮記。致自亂其系統。第三。當知禮記是一部亂雜的叢書。欲理清眉目。最好是分類纂鈔。比較研究。略如唐魏徵類禮。元吳澄禮記纂言。清江永禮書綱目之例。（魏徵書今佚。唐書本傳云「徵以小戴禮綜彙不倫。更作類禮二十篇。太宗美其書。錄寘內府」諫錄載太宗詔書云「以類相從。別爲篇第。並更注解。文義粲然」）第四。當知此叢書並非出自一人一時代之作。其中各述所聞見。所主張。自然不免矛盾。故只宜隨文研索。有異同者則並存之。不可強爲會通。轉生轇轕。以上四義。不過隨舉所見。吾未嘗治此學。不敢謂有心得也。居今日而治古代禮學。誠可不必。然欲研究古代社會史或宗教史者。則禮學實爲極重要之研究對象。未可以爲殭石而吐棄之也。

以治儒家學術思想史爲目的而讀禮記者。當略以吾前段所舉之五事爲範圍。其條目則（一）儒家對於禮之觀念（二）儒家爭辯禮節之態度及其結果。（三）儒家之理想的禮治主義及其制度。（四）禮教與哲學……等等先標出若干門目而鳥瞰全書綜析其資料庶可以見彼時代一家學派之眞相也。

以常識或修養應用爲目的而讀禮記者因小戴記四十九篇自唐以來號爲「大經」自明以來列爲五經之一誦習之廣次於詩書久已形成國民常識之一部其中精粹語有裨於身心修養及應事接物之用者不少故吾輩宜寶而讀之惟其書繁重且乾燥無味者過半勢不能以全讀吾故不避僭妄爲欲讀者區其等第如左。

第一等　大學　中庸　學記　樂記　禮運　王制

第二等　經解　坊記　表記　緇衣　儒行大傳　禮器之一部分　祭義之一部分

第三等　曲禮之一部分　月令　檀弓之一部分

第四等　其他

吾願學者於第一等諸篇精讀第二三等摘讀第四等或竟不讀可也右有分等吾自知爲極不科學的極不論理的極狂妄的吾並非對於諸篇有所軒輊問吾以何爲標準吾亦不能回答吾惟覺禮記爲青年不可不讀之書而又爲萬不能全讀之書吾但以吾之主觀的意見設此方便耳通人責備不敢辭也。（右專就小戴記言其大戴各篇則三四等居多也）

禮記注釋書至今尚無出鄭注孔疏右者若非專門研究家則宜先讀白文有不解則參閱注疏可耳若專治禮學則清儒關於三禮之良著頗多恕不悉舉也。

大戴禮記因傳習夙稀舊無善注且譌誤滋多清儒盧文弨戴震先後校勘始漸可讀孔廣森大戴禮記補注汪

照大戴禮記補注皆良著也。

附論爾雅　爾雅今列於十三經。陋儒競相推挹。指爲周公所作。甚可笑。其實不過秦漢間經師詁經之文。好事者編爲類書以便參檢耳。其書蓋本爲『記百三十一篇』中之一篇或數篇。而大戴曾採錄之。張揖進廣雅疏所謂『爾雅一篇。叔孫通撰置禮記文不違古』也。臧庸列舉漢人引爾雅稱禮記之文。如白虎通三綱六紀篇引禮親屬記文見今爾雅釋親。孟子『帝館甥於貳室』趙岐注引禮記。亦釋親文。風俗通聲音篇引禮樂記乃爾雅釋樂文。公羊宣十二年何休注引禮記。乃爾雅釋水文。此尤爾雅本在禮記中之明證也。自劉歆欲立古文學。徵募能爲爾雅者千餘人講論庭中。自此禮記中之爾雅篇。不知受幾許擣擠附益。乃始彪然爲大國。駸駸與六藝爭席矣。

讀書分月課程

序

今人聞談古事鄉曲人道城市不樂聽之者無有也故雖鄉曲陋民胸中必有一二城鄉古事義理故謂天下皆學人也然而語以窮極古今之故中外之事天地之大聖人之道賢達之論則裹足掩耳而欲遁逃則或一邑一郡無通人樂聞小而惡聞大此豈人之情也哉其書太繁其道太遠其力太苦而卒無所得望海無舟其向若而驚歸而浮游溪沼之閒以自娛樂乃人之情也今夫昔之之京師裹糧三月而後能至近者輪船往來不旬日抵津沽矣假有鐵路則一日程耳康熙時索額圖奉命至雅克薩與俄人劃界行六月迷道而歸今大設公站不逾月至假有鐵路豈待半月哉故學者爲學患不知道既知道矣患無精鍊之舟車二者既備其功百倍至千萬倍焉方今國事之艱皆由士人之謬陋寡學無才任之每念嘆息頃遊桂林既略言條理爲桂學答問一卷以告桂人尙慮學者疑其繁博屬門人梁啓超抽繹其條以爲新學知道之助其諸學者亦有樂於是歟南海康祖詒敍

讀書分月課程

學要十五則

學者每苦於無門徑。四庫之書。浩如煙海。從何處讀起耶。古人經學。必首詩書。證之論語禮記荀子皆然。然自僞古文既行。今文傳注。率經闕失。詩之魯齊韓。書之歐陽二夏侯。蕩刼尤甚。微言散墜。索解甚難。惟春秋公羊穀梁二傳。巋然獨存。聖人經世之大義。法後王之制度。具在於是。其禮制無一不與羣經相通。故言經學必以春秋爲本。

春秋之義。公穀並傳。然穀梁注劣。故義甚闇曶。公羊注善。故義益光大。又加以董子繁露。發明更多。故言春秋。尤以公羊爲歸。

讀公羊可分義禮例三者求之。如元年春王正月條下。王者孰謂。謂文王也。曷爲先言王而後言正月。王正月也之類。所謂義也。立適以長不以賢。立子以貴不以長。子以母貴。母以子貴之類。所謂禮也。公何以不言卽位之類。据常例書卽位爲問。所謂例也。餘可類推。然凡一禮一制。必有大義存焉。例者亦反覆以明其義而已。然則義並可該禮與例也。故孔子曰其義則丘竊取之矣。

何邵公解詁本胡毋生條例。皆公羊先師口說也。宜細讀。春秋繁露反覆引申。以明公羊之義。皆春秋家最善之書。學者初讀公羊。不知其中蹊徑。可先讀劉禮部公羊釋例。卒業後深究何注繁露兩書。日讀十葉。一月而春秋畢通矣

經學繁重。莫甚於禮制。禮制之轇轕。由於今文與僞古文之紛爭。僞古文有意誣經。顚倒禮說。務與今文相反。如今文言祭天在郊。祭地在社。而古文謂祭天南郊。祭地北郊。今文言天子娶十二女。而古文謂天子一后三夫人九嬪二十七世婦八十一御妻之類。兩說聚訟。何以能通。既辨今古分眞僞。則瞭如列眉矣。如是則通禮學甚易。既通禮學。於治經斯過半矣。

欲分眞僞辨今古。則莫如讀新學僞經考。其近儒攻僞經之書可並讀。

既讀辨僞諸書。能分今古。則可以從事禮學。王制與春秋條條相通。爲今文禮一大宗。五經異義。述今古文禮之異說。劃若鴻溝。最易暢曉。惟許鄭皆古文家。不能擇善而從。學者胸有成竹。不必狥其說也。白虎通全書皆今文。禮極可信據。既讀此二書。復細玩二戴記。以求制禮之本。以合之於春秋之義。則禮學成矣。

古人通經。皆以致用。故曰不爲章句。舉大義而已。又曰存其大體。玩經文。然則經學之以明義爲重明矣。國朝自顧亭林閻百詩以後。學者多務碎義。戴東原阮芸台承流。益暢斯風。斤斤辨詁。愈出愈歧。置經義於不問。而務求之於字句之閒。於是皇淸經解之書。汗牛充棟。學者盡數十寒暑。疲力於此。尙無一心得。所謂博而寡要。勞而少功也。康先生劃除無用之學。獨標大義。故用日少而蓄德多。循其次第之序以治經。一月可通春秋。半載可通禮學。度天下便易之事。無有過此者矣。學者亦何惜此一月半載之力。而不從事乎。卽以應試獲科而論。一月半載

之功已可以春秋三禮專門之學試於有司亦是大快事也治經之外厥惟讀史康先生教人讀史仿蘇文忠公八面受敵之法分爲六事一曰政典章制度之文是也二曰事治亂興亡之跡是也三曰人爲賢爲惡可法戒者是也四曰文或駢或散可誦習者是也五曰經義史記漢書最多而他史亦有六曰史裁史記新五代史最詳而他史略及學者可分此六事求之上四門是陸桴亭語下兩門乃康先生所定

太史公最通經學最尊孔子其所編世家列傳悉有深意是編不徒作史讀並可作周秦學案讀漢書全本於劉歆之續史記其中多僞古文家言宜分別觀之後漢名節最盛風俗最美讀之令人有向上之志其文字無史漢之樸拙亦無齊梁之藻縟莊雅明麗最可學亦最易學故讀史當先後漢書

孔子之後諸子並起欲悉其源流知其家數宜讀史記太史公自序中論六家要指一段漢書藝文志中九流一門莊子天下篇荀子非十二子篇然後以次讀諸子

學問之道未知門徑者以爲甚難其實則易易耳所難者莫如立身學者不求義理之學以植其根柢雖讀盡古今書祇益其爲小人之具而已所謂藉寇兵而齎盜糧不可不警懼也故入學之始必惟義理是務讀象山上蔡學案以揚其志氣讀後漢儒林黨錮傳東林學案以厲其名節熟讀孟子以悚動其神明大本既立然後讀語類及羣學案以養之凡讀義理之書總以自己心得能切實受用爲主既有受用之處則拳拳服膺勿使偶失已足自治其身不必以貪多爲貴也

子羽能知四國之爲孔子稱之春秋之作先求百十二國寶書以今方古何獨不然方今海禁大開地球萬國猶比隣也家居而不知比隣之事則人笑之學者而不知外國之事何以異是王仲任曰知今而不知古謂之盲瞽

知古而不知今謂之陸沈今日中國積弱見侮小夷皆由風氣不開學人故見自封是以及此然則言經世有用者不可不知所務也

讀西書先讀萬國史記以知其沿革次讀瀛環志略以審其形勢讀列國歲計政要以知其富强之原讀西國近事彙編以知其近日之局至於格致各藝自有專門此爲初學說法不瑣及矣

讀書莫要於筆記朱子謂當如老吏斷獄一字不放過學者凡讀書必每句深求其故以自出議論爲主久之觸發自多見地自進始能貫串羣書自成條理經學子學尤要無筆記則必不經心不經心則雖讀猶不讀而已黃勉齋云眞實心地刻苦功夫學者而不能刻苦者必其未嘗眞實者也

以上諸學皆缺一不可驟視似甚繁難然理學專求切己受用無事貪多則未嘗繁也經學專求大義刪除瑣碎一月半載已通何繁之有史學大半在證經亦經學也其餘者則緩求之耳子學通其流派知其宗旨專讀先秦諸家亦不過數書耳西學所舉數種爲書不過二十本亦未爲多也遵此行之不出三年即當卒業已可卓然成爲通儒學者稍一優游則此三年已成白駒過隙亦何苦而不激其志氣以務求成就乎朱子曰惟志不立天下無可爲之事是在學者

最初應讀之書

既於羣學言其簡要易入之道但所讀之書篇第先後倘慮學者未知所擇故更綜而錄之如左其所論列顓以便適新學爲主閒有抽擇全文倒亂原次割裂譾陋可笑已甚通人詧其用意諒不見哂也

經學書

先讀劉申受公羊釋例　皇清經解中有此書

釋例中先讀王魯例次通三統例張三世例闕疑例名例建始例諱例

次讀公羊傳及何君注

康先生有批本　何君甚要徐疏可略

次讀春秋繁露

先讀俞序篇次正貫篇十指篇次楚莊王篇玉杯竹林玉英精華篇次三代改制質文篇王道篇

次讀禮記王制篇

因其制度與公羊相通讀春秋時即當讀之餘篇俟從事禮學時再讀

次讀穀梁傳

范注楊疏皆不必讀

以上春秋學

次讀新學僞經考

先秦焚六經未嘗亡缺考次漢書河間獻王魯恭王傳辨僞次漢儒憤攻僞經考次漢書藝文志辨僞次史記經說足證歆僞考次漢書儒林傳辨僞

次劉申受左氏春秋考證　皇清經解

次讀邵位西禮經通論　經解續篇

次讀魏默深詩古微　經解續篇

先讀開卷數篇

以上辨僞經

次讀禮記

先王制次禮器郊特牲次儒行次檀弓次禮運中庸次以原序讀諸篇

次讀大戴禮記

次讀五經異義　皇清經解陳氏輯本

此書言今古文禮制之異學者但從其異處觀之許鄭之多從古文陳氏之和合今古皆謬說不必爲所惑

次讀白虎通

專言今文禮制其中亦間有古文數條則賈逵班固所爲也然究爲今文禮之宗

以上禮學

次羣經

史學書

先讀史記儒林傳

次漢書儒林傳

次漢書藝文志

次史記孔子世家仲尼弟子列傳孟子荀卿列傳　此爲孔子學案

次後漢書儒林傳

次後漢書黨錮傳

次史記老子韓非列傳游俠列傳刺客列傳日者列傳龜筴列傳

此爲周秦諸子學案老子韓非爲老氏之學游俠刺客爲墨氏之學日者龜筴爲陰陽家之學其餘尚有十三家見於孟子荀卿列傳

次史記太史公自序

其中言春秋最精論六家要旨亦爲諸子學案

以上皆言學派　黨錮傳激揚名節不在此數

次後漢書

後漢書擇其列傳先讀之餘可緩讀列傳中武臣之傳亦可緩讀　史以讀志爲最要然當俟尋求掌故時始讀故亦從緩

次羣史

子學書

先讀莊子天下篇

次荀子非十二子篇

次韓非子顯學篇

次墨子非儒篇公孟篇

周末墨學最盛專與儒家爲難必觀其相攻之言然後知孔學之顚撲不破

以上皆論家法

次孟子

讀孟子可分養心厲節經世尊孔論性五門求之

次荀子

讀荀子可分辨性勸學（荀言性本惡故貴學以變化之）崇禮經國尊師法闢異學數門求之

次管子

管子多存舊制僞周禮所本

次墨子

墨氏一家之學

次老子

老氏一家之學

次莊子

莊子本孔學但往而不返開通於老耳

次列子

列子本後人摭拾老莊爲之然精論甚多

次呂氏春秋淮南子

二書皆雜家淮南則多近於道家然二書言諸子學術行事甚多亦極要宜於老墨二書卒業後即讀之

次羣子

理學書

先讀象山學案宋元

次上蔡學案宋元

次東林學案明儒

次姚江學案明儒

次泰州學案明儒

次江右王門學案明儒

次浙中王門學案明儒

次白沙學案明儒
次伊川學案宋元
次橫渠學案宋元
次濂溪學案宋元
次明道學案宋元
次百源學案宋元
次東萊學案宋元
次南軒學案宋元
次艮齋止齋龍川水心學案宋元
朱子之學宋元學案所編甚陋宜讀語類
朱子語類先讀總論爲學之方卷
次論力行卷
次論讀書卷
次論知卷
次訓門人卷
次自述卷

次論治道卷
次論本朝卷

西學書

萬國史記
瀛環志略
列國歲計政要
格致須知
西國近事彙編
談天
地學淺識

讀書次第表

學者每日不必專讀一書。康先生之教。特標專精涉獵二條。無專精則不能成。無涉獵則不能通也。今將各門之書。臚列其次第。略仿朝經暮史晝子夜集之法。按月而爲之表。有志者可依此從事焉。

第一月

經學

公羊釋例

釋例擇其要者數篇先讀之一二日可卒業再讀其諸篇六七八日可卒業矣

公羊傳注

共爲書三本十日可卒業矣

春秋繁露

先擇其言春秋之義者讀之其言陰陽天人者暫緩之五日可卒業矣

史學

史記儒林傳

漢書儒林傳 藝文志

後漢書儒林傳 黨錮傳

讀儒林傳藝文志以知經學源流讀黨錮傳以厲志氣

子學

孟子

宜專留心其言養氣厲節各條

荀子非十二子篇

莊子天下篇

韓非子顯學、篇

墨子非儒篇

理學

象山學案

上蔡學案

朱子語類總論爲學之方

東林學案

白沙學案

西學

第二月	可以半月之功再溫公羊注繁露二書 穀梁傳 可求其義例禮制與公羊同異之處 王制 當與公穀並讀	史記太史公自序 孔子世家 仲尼弟子列傳 孟子荀卿列傳 老子韓非列傳 並游俠以下四列傳	荀子	姚江學案 江右王門學案 泰州學案 浙中王門學案 朱子語類訓門人	
第三月	新學僞經考 左氏春秋考證	後漢書 先以次讀列傳	荀子 墨子	偏讀宋元學案明儒學案國朝學案谷	瀛環志略

	禮經通論 詩古微			總序並讀其取編次諸儒之傳（其言論姑暫緩）	
第四月	五經異義 白虎通	後漢書史記（從本紀讀起）	墨子 管子	濂溪學案 百源學案 明道學案 伊川學案 橫渠學案	瀛環志略 萬國史記
第五月	禮記	史記	管子 老子 呂氏春秋	晦翁學案（甚劣姑讀耳） 東萊學案 南軒學案 甬上四先生學案	萬國史記

	第六月
	大戴禮記 繁露之言陰陽天人者至此可讀之
	史記 漢書
	呂氏春秋 淮南子
艮齋止齋水心龍川學案 朱子語類	朱子語類
	列國歲計政要 談天 地學淺識

飲冰室叢書

國學研讀法三種

作　　者／梁啓超 著
主　　編／劉郁君
美術編輯／鍾　玟

出 版 者／中華書局
發 行 人／張敏君
副總經理／陳又齊
行銷經理／王新君
地　　址／11494 台北市內湖區舊宗路二段181巷8號5樓
客服專線／02-8797-8396　　　傳　　真／02-8797-8909
網　　址／www.chunghwabook.com.tw
匯款帳號／華南商業銀行　西湖分行
　　　　　179-10-002693-1　中華書局股份有限公司

法律顧問／安侯法律事務所
製版印刷／維中科技有限公司　海瑞印刷品有限公司
出版日期／2018年11月台二版
版本備註／據1956年5月台一版復刻重製
定　　價／NTD 250

國家圖書館出版品預行編目（CIP）資料

國學研讀法三種 / 梁啟超著. — 台二版.
—臺北市 : 中華書局, 2018.11
面 ;　公分. —（飲冰室叢書）
ISBN 978-957-8595-08-8(平裝)

1.漢學

032　　　　　107016330

NO.L0010
ISBN 978-957-8595-08-8（平裝）